中国档案学共同体研究

邢变变　著

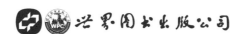

世界图书出版公司

上海·西安·北京·广州

图书在版编目(CIP)数据

中国档案学共同体研究/邢变变著. —上海：上海世界图书出版公司,2019.8
　ISBN 978-7-5192-6431-4

　Ⅰ. ①中… Ⅱ. ①邢… Ⅲ. ①档案学-研究-中国
Ⅳ. ①G279.2

中国版本图书馆 CIP 数据核字(2019)第 142700 号

书　　名	中国档案学共同体研究	
	Zhongguo Danganxue Gongtongti Yanjiu	
著　　者	邢变变	
责任编辑	吴柯茜	
封面设计	车皓楠	
出版发行	上海世界图书出版公司	
地　　址	上海市广中路 88 号 9-10 楼	
邮　　编	200083	
网　　址	http://www.wpcsh.com	
经　　销	新华书店	
印　　刷	上海安枫印务有限公司	
开　　本	787 mm×1092 mm　1/16	
印　　张	13.75	
字　　数	200 千字	
版　　次	2019 年 8 月第 1 版　2019 年 8 月第 1 次印刷	
书　　号	ISBN 978-7-5192-6431-4/G·545	
定　　价	88.00 元	

序

我们生活在一个影响力无处不在的时代，大家觉得世界很小，就是一个家庭。当然，只要说到"共同体"就一定离不开"认同"以及由此形成的共同价值观。在这个方面，科学共同体的经验对于希望"弯道超车"的人们颇有借鉴意义，邢变变博士的论著正是探讨中国档案科学共同体的代表作之一。

据邢变变博士考证，最早明确使用科学共同体概念的是英国的波兰尼，科学共同体概念成为科学社会学家普遍应用的概念则是在库恩发表《科学革命的结构》一书之后。在对科学共同体的社会学说明中，默顿和库恩的著作代表了这个领域研究和发展的主流，并建构了两个基本范式——默顿模式和库恩模式。相对于宏观社会环境，科学共同体强调自主性。相对于科学家个人，科学共同体重在交流。而邢变变博士的论著则是侧重从群体结构、运行机制、研究活动等三个方面对中国档案学共同体展开研究，并探索进一步拓展中国档案学的发展空间。

早在 2017 年 10 月 28 日"第四届中国档案学博士论坛"上，我借助需要点评的三篇文章(《我国档案学专业高等教育的发展、艰辛与责任》《中国当代档案学的危机与发展》《基于范式理论当代发展的档案学范式研究评析》)[①] 说明了自己的观点，即第一篇文章的优势在于现状、第二篇文章的优势在于问题、第三篇文章的优势在于出路。也就是说，至少目

---

① 中国人民大学信息资源管理学院于 2017 年 10 月 28—29 日举办"第四届中国档案学博士论坛"。这里提到的文章作者依次是金波、周枫、连志英、王岑曦、吕文婷。

前我还是这样认为,范式作为一种鉴别科学是否存在以及存在状态的理论形态,无论其推导过程和应用前景如何,其基本界定还是在于科学共同体及其价值观。科学研究就是科学共同体的共同价值观和信仰,这种"价值观和信仰"只能用其学术成就来展示和表达。而是否存在这种"身份认同"或者"信仰"则是中国档案学共同体存在的标志。

有一种流行的观点认为,新技术的发展会给档案学理论带来"科学革命式的冲击",是档案学进入"新范式"的重要变量。其实,新技术的问题只是一个环境问题,新技术的着力点是解决实际工作中的一些问题,会带来档案管理工作的变化,但并不能动摇包括档案学在内的科学体系最基本的东西。如果一个学科会轻易地受到技术等外界因素的影响,那么只能说明这个学科是还不够成熟的。"不够成熟"就是没有其科学共同体,而一个没有属于共同体(信仰)的人就会轻易相信(信仰)任何事情。这就是学界存在许多乱象的根本原因。

有鉴于此,科学共同体对于一个学科的形成、发展乃至完善非常重要。这个道理自然涵盖中国档案学科及其共同体。于是,研究中国档案学共同体就成为中国档案学的希望之路。也许,正如鲁迅先生所说:"希望是本无所谓有,无所谓无的。这正如地上的路,其实地上本没有路,走的人多了,也便成了路。"① 毫无疑问,邢变变博士一定是走在探寻"中国档案科学共同体"道路上的人(之一)。在《中国档案学共同体研究》出版的时候,作者已经成为一位年轻的母亲。她的事业和追求,已经有了后来者。我衷心地祝福,有更多的后来者走在探寻"中国档案科学共同体"的道路上!

丁鸿杰

2019 年 3 月于北京

---

① 鲁迅. 呐喊[M]. 北京:人民文学出版社,2005:65.

目　　录

图　目　录

表 目 录

1　绪　论

1.1　选　题　缘　起

1.1.1　研究背景

"任何真正的研究都必须是研究者的一种生命运动,都必须是研究者自身生活史的产物与延续。"① 作为一名档案学专业的在读博士研究生,对"档案学共同体"这一主题产生兴趣并有所思考,并非无中生有、非分之想。这一选题主要源于对档案学人的关注。

胡鸿杰在《化腐朽为神奇:中国档案学评析》一书中曾经写道:"真正能够最终决定学科状况的只能是智力活动的主体——学人。具体到中国档案学而言,正是不同类型的档案学人用他们自己的方式为其研究成果赋予了深刻的印记;这些印记的运动轨迹就表现为档案学的理论体系、基本原理及其发展过程。也就是说,是中国档案学人及其文化素质、知识结构、人生经历等主体特征,决定了中国档案学的基本理念与模式。一部档案学的历史,也可以看做档案学人(者)的成长史和生活史。因此,对档案学人的研究就势必成为档案学研究的重要内容。"② 档案学人有哪些不同类型? 有着怎样的文化素质、知识结构、人生经历等主体特征? 这些主体特征赋予了其研究结果怎样的印记?《中国大百科全书·图书馆学·情报学·档案学》《中国

---

① 吴康宁.我们究竟需要什么样的教育取向研究? [J].教育研究,2000(9):51-54.
② 胡鸿杰.化腐朽为神奇——中国档案学评析[M].上海:上海世界图书出版公司,2010:67.

图书馆学、情报学、档案学人物大辞典》里的档案人物简介,显然不足以回答上述问题。档案学人的整体意象是薄弱的、零散的、模糊的。

中国人民大学哲学院刘晓力老师开设的"科学与逻辑方法论"课程,让笔者对档案学人"觊觎"已久的心找到了投放点。这门选修课引入了从多维度理解科学的哲学、社会学等观点,其中就包括"科学共同体"这一概念。科学共同体作为科学家的专业共同体,直接与以科学为业的人相关,这引发了笔者从科学共同体角度来探讨档案学人的设想,以"中国档案学共同体研究述评"为题提交了课程作业,在此基础上修改发表了《对中国档案学共同体的思考》一文。在写作及阅读过程中,逐渐发现科学共同体这一概念有着复杂而丰富的内涵。科学共同体到底是什么? 科学共同体概念能否运用于档案学? 有没有档案学共同体? 中国档案学共同体有什么特点? 中国档案学共同体对中国档案学的发展产生了怎样的影响? 这一系列问题都促使笔者继续开展对中国档案学共同体的研究。

1.1.2 研究意义

如果以促进档案理论发展或档案实践改善的角度来衡量一个研究问题,本选题显然不属于电子文件管理、档案保护理论与技术这类偏技术和实践的选题,也较少涉及档案、档案事业这两大块,其意义可能更偏重于档案学基础理论里的档案学科这一部分。

1.1.2.1 弥补档案学共同体研究的不足

仅就目前的研究成果而言,对档案学共同体的研究尚存在进一步发展的空间。首先从数量上来看,国外专门讨论"archival community"的文献很少;而国内则只有 24 篇相关的有效文献,其中仅有 1 篇硕士论文,尚无专门的博士论文。这在一定程度上也说明,当前对档案学共同体的研究较为薄弱,专题性质的深入研究尚待加强。其次从内容来看,国外的相关研究主要是对档案机构和档案工作者的某一方面进行的调查,不涉及从库恩(Kuhn)或者默顿(Merton)的科学共同体理念方面对档案学进行理论探讨;而国内的相关研究成果则陷于有无窠臼,迷于历史分期,流于空泛论述,使得这一课题很容易让人裹足不前，从而沦为鸡肋。

针对上述情况，本书试图澄清"有无档案学共同体"的困惑，侧重于对档案学共同体现状的把握，并进行实证分析。

1.1.2.2 扩展档案学元科学层面的研究

档案学的研究对象不单单包括档案和档案工作，还包括档案学，即以档案学自身作为研究对象进行元科学层面的研究。元科学理论为从高层次、长跨度探索档案学的发展规律及其社会影响，实现档案学自我认识的系统化和理论化提供了一条新的途径。而科学社会学本身作为一门以科学为研究对象的学科——元科学家族的一员，其科学共同体概念的提出形成了一个很有效的视角转换，使人们把注意力集中于科学本身的社会结构。这也正是在进行档案学元科学层面研究时，把档案学作为一种社会现象加以研究所需要的视角，同时也是目前档案学研究的薄弱点。

这一概念在档案学中的应用，为从档案学知识的生产主体和运行机制来探讨档案学科的发展问题提供了新的思路，以期将档案学元研究引入较深的层次。

1.1.2.3 探索中国档案学的发展规律

科学共同体的成功导入，成为揭示科学发展规律的一把利器。科学共同体的题中应有之义，其实就是科学的自主与交流。科学共同体通过自主的科学研究和充分的科学交流主导着科学活动，推动着科学发展。

通过档案学共同体的探讨，探索档案学科发展问题的同时，唤起对档案学科自主与交流的反思。档案学科在与其他学科以及与政治、经济、文化等其他体制的关系中，其自主程度如何？档案学者之间的交流是否充分？这种自主与交流对档案学的发展产生了怎样的影响？本书将在解决这些问题的过程中，为探索中国档案学的学科发展规律做出自己的努力。

1.2 研 究 综 述

哲学有一个基本命题：你是谁？你从哪里来？你到哪里去？这是一个

普通得不能再普通、但又深刻得不能再深刻的问题。人们通常借此追问人的本体存在、家园归宿和生命意义。这类提问同样适用于学术研究——我们的研究问题是什么,研究问题从何而来,又将走向何方? 通过文献综述,我们将会知道关于某一主题,别人干了什么,那些没干好和还没干的地方就是我们能干和应该干的。因此,文献综述作为"知识生产过程的一个有机组成部分,它不是在重复别人,它是在说出自己"①。

1.2.1 外文文献分析

本部分主要以 Web of science、Ebsco、ProQuest Digital Dissertations & Theses(PQDT)、ProQuest‐Academic Research Library 并辅之以谷歌学术搜索作为网上检索来源,以"archive*"并含"communit*"为标题进行初步检索,发现这两个词基本上以 community archives、archival community、archiving community、archives community 这四种组合形式出现。其中,第一种组合即社区档案的出现频次最多,明显与本文主题无关。后三种组合中没有以 scientific community、science community、academic community 为标题的,于是将档案和科学共同体的组合检索范围扩大到了摘要。经过筛选统计后,得到如表1-1检索记录。

表1-1　外文文献检索结果

检索来源	archiv*＋communit* (标题)检索数	archiv*＋scientific/science/ academic communit* (摘要)检索数
Web of science	6	0
Ebsco 数据库	13	1
ProQuest 跨库检索	5	0
Google scholar	40	1

① 熊易寒. 文献综述与学术谱系[J]. 读书,2007(4):82-84.

首先，对标题中含有 archival community、archiving community、archives community 的文献进行分析发现，基本上不存在对这三组词的界定，它们的随意使用表明了这些词的含义在作者眼中是不言自明的。从文章内容来看，这些词相当于中文的档案界、档案领域。有一篇论文涉及了对 archival community 的定义，认为这一术语在文献中通常用来指档案职业里的团体、组织和个人。① 少数几篇文章针对 archival community 的某一方面进行了讨论。科里·L. 尼默(Cory L. Nimer)根据对 330 位档案工作者的问卷调查分析了其专业阅读及发表情况，包括人口统计、阅读习惯、发表偏好三个部分，具体分析了这些人在年龄、单位、任职、地域、杂志阅读、杂志订阅、博客浏览、文章类型、文章主题、常用索引数据库、发文类型、发文数量和发文动机等方面的分布情况。② 亚当·克林布尔(Adam Crymble)则以推特和脸书为例讨论了社交网络在档案界中的使用情况，基于对 195 个机构和个人用户进行的调查，分析了这些社交账户的地域分布、受众数量以及活跃情况，并进行了分组比较。③ 其次，仅有一篇论文在摘要中出现了 archival academic community 这一术语，该文作者认为英国研究产出低于国际水平的原因之一是该国档案学术共同体的规模和实力问题，在文中主要分析了英国高校档案院系的情况。④ 这些外文文献并不涉及从科学社会学的角度对档案学共同体进行理论探讨。

①　WALES J. Community archives and the archival community[D]. Leiden University, 2014：21.

②　NIMER C L. Reading and publishing within the archives community：a survey[J]. American archivist, 2009(2)：311 - 330.

③　CRYMBLE A. An analysis of Twitter and Facebook use by the archival community [J]. Archivaria, 2010(70)：125 - 151.

④　ELLIS M. Establishing a research culture for archive administration in the UK[J]. Education for information, 2005(1)：91 - 101.

1.2.2 中文文献分析

1.2.2.1 文献来源

本部分主要以中国期刊全文数据库、中国优秀博硕士学位论文数据库、国内外重要会议论文全文数据库、中国国家数字图书馆馆藏目录并辅之以读秀中文学术搜索作为网络检索来源,以"档案并含共同体"为主题进行精确检索。此外,还通过在中国人民大学信息资源管理学院资料室的实际调查,进行了查漏补缺。在为数不多的检索记录中,把"档案学共同体"明确作为篇、章、节、段标题为依据进行统计筛选后,得到了期刊论文18篇,学位论文9篇,会议论文0篇,图书6本。其中,有5本专著均是由博士学位论文修改而来,再除去一稿多发、拼凑嫌疑以及由学位论文中选登的论文外,对档案学共同体的论述文献所剩24篇(包括以档案共同体为题名的10篇期刊论文和1篇硕士学位论文)。

表 1-2　中文文献检索结果

文献类型	档案 * 共同体(主题)(精确)		
	文献名	作者	发表年份
期刊论文(18)	对档案学发展的思考	张晓	2003
	论档案学共同体的责任	陈祖芬	2007
	论中国档案学者的使命与学术共同体的建构	饶圆	2007
	对档案学共同体自主性的反思	陈祖芬	2010
	档案学范式演进中的学术热点	陈祖芬	2010
	浅析中国档案学的学派问题	汤黎华	2011
	档案学发展的动力分析	王新才、王海佼	2012
	论档案学术共同体的建设	周静怡	2013
	试论档案学学术共同体的沿革及意义	张盼	2013

（续表）

文献类型	档案＊共同体(主题)(精确)		
	文献名	作者	发表年份
期刊论文(18)	论我国档案学术共同体的构建	张盼	2013
	档案学范式转换动力机理研究	王上铭、吴建华	2013
	试论我国档案学术共同体的沿革	张盼	2013
	试论我国档案学术共同体的学术传统	张盼	2013
	试论我国档案学术共同体形成与发展	张盼	2013
	浅析外国档案学术共同体的沿革	张盼	2014
	对中国档案学共同体的思考	邢变变、孙大东	2014
	档案学中"学术共同体"的伦理认知	张桐语	2015
	试论我国档案学师生学术共同体的发展与重构	于博	2015
学位论文(9)	我国档案术语建设和使用中的问题与对策研究	徐瑶	2007
	档案学范式论	陈祖芬	2007
	基于学术评价视阈的中国档案学阐释与批评	王协舟	2007
	范式转型与社会变迁	丁华东	2008
	基于主体认识视角的当代中国档案学术研究	任越	2010
	基于文献计量学的中国档案学者群体研究	郭瑶	2011
	档案"泛化"现象研究	徐欣云	2012
	论中国档案学术共同体的价值及其实现	罗满玲	2014
	基于范式论批判的中国档案学发展研究	孙大东	2015
会议论文(0)	—	—	—
图书(6)	档案学论衡	陈永生	1994
	基于学术评价视阈的中国档案学阐释与批评	王协舟	2009
	档案学范式的历史演进及未来发展	陈祖芬	2010

（续表）

文献类型	档案 ＊ 共同体(主题)(精确)		
	文献名	作者	发表年份
图书(6)	基于主体认识视角的当代中国档案学术研究	任越	2010
	档案学理论范式研究	丁华东	2011
	档案"泛化"现象研究	徐欣云	2014

1.2.2.2 研究的主要内容

据中国期刊网显示,"学术共同体"一词在档案学中第一次出现是在 1989 年。寒江在界定理论档案学的内容体系时提出,将"档案学教育与研究的共同体介绍"作为教学和研究的组成部分,以及将"档案学团体、组织、机构、学术共同体等基本概念的阐述""档案学研究共同体的对象、内容、结构、类型、职能、社会关系、性质与规范等规定性理论"作为档案学研究基本理论的内容。① 然而,对"档案学共同体"的具体论述则始于 1994 年。陈永生在《档案学论衡》一书中用一节内容专门分析了档案学科学共同体的性质和调节功能。随后有个别学者虽然在其研究成果中对档案学共同体亦有所涉及,但却只是一笔带过。进入 21 世纪以后,学者们对该主题的关注逐渐增多,其研究内容也由浅入深、不断丰富。这些相关研究主要集中在以下内容。

一是档案学共同体的功能意义。

陈永生认为,档案学共同体对档案学的发展具有调节功能,这种功能是通过成果交流过程中的鉴定、评议以及学术规范准则对档案学研究者进行的个人调节实现的。② 张盼认为不同时期的档案学术共同体所承担的使命及在档案学发展过程中的地位一致表现为：孕育档案学人独立的学术人格

---

① 寒江. 理论档案学结构、内容与教育新论[J]. 档案,1989(2)：15－18.
② 陈永生. 档案学论衡[M]. 北京：中国档案出版社,1994：286－292.

和主体意识、弘扬真正的档案学术研究、推动档案学科的发展。① 邢变变、孙大东认为其意义体现在：基于身份认同,筑守学者精神家园;提供理论范式,规范档案学术研究;创造交流平台,推动档案学科发展。② 这些表述虽有差异,但都强调了档案学共同体对档案学科、档案学术、档案学者的作用。

二是档案学共同体的历史发展。

丁华东将档案学共同体划分为档案史料整理理论范型共同体、档案文件管理理论范型共同体、档案信息资源管理理论范型共同体、档案知识管理理论范型共同体和档案社会记忆理论范型共同体。③ 张盼认为我国档案学术共同体的形成与发展经历了 20 世纪 30 年代以前的档案史料编纂共同体,20 世纪 30—40 年代的行政档案学共同体和历史档案学共同体,20 世纪 50—60 年代的实用经验档案学共同体,20 世纪 70—80 年代的"小档案学"共同体和 20 世纪 90 年代的"大档案学"共同体五个阶段。④ 之后张盼又在另一篇文章中将档案学共同体的形成与发展划分为第一代档案学术共同体、第二代档案学术共同体、第三代档案学术共同体和新时期档案学术共同体四个阶段。⑤ 罗满玲从价值演化的角度认为档案学共同体经历了保存社会历史、促进行政管理、完善公共服务和建构社会记忆四个阶段。⑥ 这些研究基于档案学发展的历史回顾,有些甚至还追溯到了封建社会,进而梳理出了档案学共同体的阶段类型。

三是档案学共同体的问题反思。

陈祖芬认为,档案学共同体在能力发挥中尚存在问题:一是其团体研究意识不够强,二是其互动能力不平衡,三是其知识转化率还不够高。⑦

① 张盼. 试论我国档案学术共同体的沿革[J]. 档案学通讯,2013(5): 19 - 22.
② 邢变变,孙大东. 对中国档案学共同体的思考[J]. 档案学通讯,2014(4): 27 - 31.
③ 丁华东. 档案学理论范式研究[M]. 上海: 上海世界图书出版公司,2011: 280.
④ 张盼. 试论我国档案学术共同体的沿革[J]. 档案学通讯,2013(5): 19 - 22.
⑤ 张盼. 试论我国档案学术共同体形成与发展[J]. 档案管理,2013(6): 10 - 12.
⑥ 罗满玲. 论中国档案学术共同体的价值及其实现[D]. 湘潭: 湘潭大学,2014.
⑦ 陈祖芬. 论档案学共同体的责任[J]. 档案学通讯,2007(2): 8 - 11.

张盼则认为,由于档案学人缺乏主体意识和批判意识、档案学术生态环境遭到破坏、档案学术成果知识转化率低、档案学术创新匮乏等原因的存在,当代档案学术共同体在发展演化中陷入了困局。① 罗满玲认为中国档案学术共同体存在档案学人的研究困境、档案机构的发展困境以及学术环境的净化困境等三个方面的价值困境。② 可以发现,档案学共同体像一个无所不包的盒子,貌似任何与档案学,甚至是与档案、档案工作有关的问题,例如档案利用目的模糊、藏用关系定位不明等,也被归结为是档案学共同体的问题。

四是档案学共同体的建设思路。

周静怡指出,建设档案学共同体可采取形成学术规范、学术评论、学术创新机制,加强档案学人才的培养,构建各式各样的学术组织,明确档案学共同体责任等途径。③ 张盼认为,加强档案学术交流、建立严格的档案学术评价机制、正确发挥档案学人的主体意识、培养档案学人的自律和自治是实现当代档案学术共同体变革的途径。④ 罗满玲则认为,中国档案学术共同体需要从学术环境的自我净化、档案机构的自我完善、档案学人的自我发展等三个方面实现其价值。⑤ 邢变变、孙大东认为档案学共同体应从成员准入、层次划分、核心要素(档案学术期刊系统、档案专业学会系统、同行评议制度、道德规范)等方面进行建设。⑥ 王协舟认为,档案学共同体要发挥作用有其内在的机制:一是制度层面,二是要建立严格的档案学术评价机制,三是要规范档案学论著成果的发表与出版,四是提高档案学人与档案机构的社会意识。⑦ 陈祖芬认为,档案学共同体在未来发展中要树立档案学科责任感、用学术继承巩固常规档案学成果以及用学术创新推动档案学常规完

①④　张盼. 试论我国档案学术共同体形成与发展[J]. 档案管理,2013(6):10-12.
②⑤　罗满玲. 论中国档案学术共同体的价值及其实现[D]. 湘潭:湘潭大学,2014.
③　周静怡. 论档案学术共同体的建设[J]. 兰台世界,2013(4):6-7.
⑥　邢变变,孙大东. 对中国档案学共同体的思考[J]. 档案学通讯,2014(4):27-31.
⑦　王协舟. 基于学术评价视域的中国档案学阐释与评价[M]. 湘潭:湘潭大学出版社,2009:80-82.

善和范式转型、用范式论结构法分析档案学成果。① 可见,不少人尝试为如何建设一个更好的档案学共同体建言献策,但多为蜻蜓点水、缺乏可操作性,有些建设途径看上去与档案学共同体的功能意义无异,以目的作为手段,实在让人有些摸不着头脑。

1.2.2.3 存在问题与不足

从档案学共同体的功能意义、历史发展到问题反思以及建设思路,体现了人们对档案学共同体思考的不断深入。但与此同时,这些研究在一定程度上也存在问题或不足。

一是档案学共同体概念使用混乱,分歧较多。

无论是档案学共同体、档案学术共同体,还是档案学学术共同体、档案学科学共同体等,这些称谓都是科学(学术)共同体在档案学领域的运用。但是同样的概念工具在具体使用过程中却差别不小。绝大多数的档案学共同体研究,都会提到库恩及其范式。对现有的档案学共同体定义进行分析,可以得出,这些定义基本上是对库恩那被人广泛引用的关于科学共同体的直观描述的套用。即便都依据库恩来定义档案学共同体,也分化为两种情况。一种情况是把档案学共同体作为一种修饰性概念,以"档案学共同体"之名,行"档案学人"之文。这些研究占了大多数,只是给档案学人戴了一顶貌似好看洋气的帽子,实际上论述的还是档案学人。另一种情况是把档案学共同体作为一种限制性概念,严格依据范式来考察档案学人,以陈祖芬、丁华东、孙大东为代表,得出了三种不同的结论,其中就包括有没有档案学共同体以及档案学共同体何时出现的问题。以"没有档案学共同体"的言论为例,汤黎华认为"档案学研究尚未形成科学共同体"②,周林兴叹言:"那么我国档案学界是否存在该学者所认为的档案学术科学共同体呢? 扪心自问,笔者是还没有沾到边,相信这代表了很

① 陈祖芬.档案学范式的历史演进及未来发展[M].上海:上海世界图书出版公司,
2010:136 - 142.
② 汤黎华.浅析中国档案学的学派问题[J].档案管理,2011(3):14 - 17.

大一部分档案学人。"① 孙大东笃定："中国档案学科学共同体尚未形成——既不具备档案学范式的前提条件和主要指标，也不满足科学共同体的特殊含义和重要功能。"② 如果档案学共同体就是档案学人，那怎么会得出没有档案学共同体的结论？如果没有档案学共同体，档案学共同体的研究是否可休矣？这些混乱和分歧都有待进一步厘清，否则还该不该、又该如何进行档案学共同体的研究？

二是对档案学共同体的历史回顾多于现实把握。

不少文章将过多的笔墨放在了档案学共同体的历史沿革上面，热衷于对档案学共同体进行代际划分。怀特海（Whitehead）有一句箴言，一门不愿忘掉它的创立者的科学将会迷失方向。以史为鉴很对，但关键是要活在当下。档案学共同体的建设更有赖于对档案学共同体的现状及问题的把握。将档案学人归到某一代际共同体或是范型共同体，是否就展示了一幅完整的档案学共同体的图景？要找出档案学共同体对档案学发展的影响，更要从其运作机制入手。显然，目前对档案学共同体的群体结构以及运作机制的探讨还不够深入。

三是对档案学共同体缺乏实证研究。

"工欲善其事，必先利其器。"从研究方法来看，目前对档案学共同体的研究以思辨为主，尤其是在谈到档案学共同体的一些问题时，更多的是一种感悟，缺乏实际调查。没有数据支撑的理论是苍白乏力的，甚至在其他人看来是无病呻吟。

档案学共同体是否诚如上述研究所言？对档案学共同体的研究是不是就止于此？上述研究的不足正是导致档案学界部分学者对此忽视、质疑甚至否定的原因，但也成为笔者写作的动力，同时也是进一步研究的方向和重点。

---

① 周林兴. 中国档案学术生态研究[M]. 北京：人民出版社，2013：6.
② 孙大东. 基于范式论批判的中国档案学发展研究[D]. 北京：中国人民大学，2015：103.

1.3　相关概念的界定

1.3.1　默顿模式与库恩模式

在对科学共同体的社会学说明中,默顿和库恩的相关理论代表了这个领域研究和发展的主流,并以其独具特色的体系建构了两个基本范式——默顿模式和库恩模式。默顿模式和库恩模式是目前较为公认的关于科学共同体研究理论的佼佼者,两者从不同的角度对科学共同体展开了研究。相较而言,默顿模式的理论体系较为完备,适用范围较为广阔,除了默顿之外,默顿学派的其他科学家如加斯顿、克兰、穆林斯等都有对科学共同体的深入甚至是专门研究;而库恩模式由于受范式理论的束缚,适用范围较为狭窄。但是两者之间是可以相互补充和完善的。本书将主要借鉴默顿模式的相关理念。

1.3.2　科学共同体

从当前科学共同体研究的语境来看,这一概念基本上是在抽象意义的科学体制、具体意义的科学体制、所有科学家构成的群体、专业同行构成的群体以及合作者构成的群体这五种意义上被使用的。本书将体制层面的用法作为一种广义的科学共同体,群体层面的用法作为一种狭义的科学共同体。这两种用法除了是一种包含关系,侧重点也有所不同:体制层面的科学共同体相对于其他社会体制,强调科学的自主;群体层面的科学共同体相对于科学家个人,强调科学的交流。另外,在表述方面,科学共同体与学术共同体在本书是通用的,不区别对待。

1.3.3　档案学共同体

本书的档案学共同体主要是在专业同行构成的群体这一层意义上使用

的。档案学共同体指相对于其他学科而言,在档案学的范围内,具有共同的学术研究目标和学术研究承诺、较高的学术研究素质和学术研究成就、较强学术自律性并能够进行充分学术交流的档案学学术研究群体。目前,一些学者提出的档案学科学共同体、档案学学术共同体等概念本质上与档案学共同体是一致的。为了与科学共同体这一科学社会学的概念一致,并考虑到概念简洁的需要,本书一律采用档案学共同体这一说法,在具体论述相关研究成果时以相应作者的表述为准。

1.4　研究的主要内容及逻辑联系

1.4.1　研究的主要内容

本书的主要内容包括六个部分。

第一部分:绪论。本部分对课题的选题背景和研究意义、档案学共同体的国内外研究状况、论文涉及的核心概念、拟采用的研究方法、研究的主要内容和逻辑联系、可能的创新之处和存在的困难等进行了介绍,从整体上对全书进行了规划,同时也为后续的写作打下一定的基础。

第二部分:科学共同体的适用性及基本认知。本部分内容首先从探讨科学共同体在档案学中的适用性入手,因为它关乎到研究的科学性和合理性。然后探讨科学社会学中关于科学共同体的基本认知,为后文的具体研究准备分析思路和内容框架。

第三部分:中国档案学共同体的群体结构。本部分内容首先对中国档案学共同体的历史状况进行了梳理,然后以普赖斯(Price)和克兰(Crane)等人的"无形学院"理论作为参考和指导理论,重点对中国档案学共同体的分层结构进行了深入研究。

第四部分:中国档案学共同体的运行机制。本部分内容首先分析了作为中国档案学共同体运行机制核心的学术承认的内涵及其地位和作用,然后对中国档案学共同体的运行趋势——马太效应及其作用进行了深入研究,在此基础上,对中国档案学共同体在自主权利、集体权利、外部权利的三方权利博弈中如何实现现实运行展开探讨,最后以对高校档案学专业教师的问卷调查数据为基础展开实证研究,试图把握中国档案学共同体的发展规律。

第五部分:中国档案学共同体的研究活动。本部分内容旨在通过文献计量和内容分析等手段,对中国档案学共同体的合作行为、研究内容、跨学科研究等进行相关分析,试图把握其研究活动的特点和规律。

第六部分:对中国档案学发展空间的再寻找。本部分内容综合科学社会学和科学知识社会学的相关理论,对中国档案学的功能与实现问题展开了分析,然后重点探讨了中国档案学共同体在实现档案学知识扩展的根本目的中所应具备的普遍主义、公有性、非谋利性、有组织的怀疑主义等行为规范,试图进一步拓展中国档案学的学术研究空间。

1.4.2　研究的逻辑联系

本书是应用科学社会学中的科学共同体理论来分析和研究中国档案学共同体的一种跨学科研究。第2章科学共同体的适用性及基本认知,是对科学共同体相关理论的全面和深入考察,属于理论准备部分。第3章到第5章是科学共同体理论在中国档案学共同体研究中的具体应用,属于理论应用部分。第6章是对本书研究主题的延伸和前瞻,属于理论拓展部分。

其中,第3章中国档案学共同体的群体结构,是在对中国档案学共同体历史状况考察的基础上,应用无形学院理论对其分层结构的分析和把握,属于静态描述。第4章中国档案学共同体的运行机制,是在科学共同体理论的指导下对中国档案学共同体的内部规律的探索,属于动力分析。第5章中国档案学共同体的研究活动,是通过对中国档案学共同体研究成果的分析,考察其研究活动的特征和规律。第6章对中国档案学发展空间的再寻找,旨在结合科学社会学和科学知识社会学的相关理论对中国档案学共同体做前瞻性的研究。

基于以上分析,全书的逻辑架构图设计如图 1-1 所示。

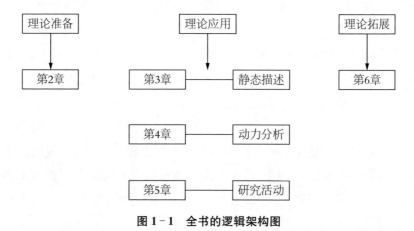

图 1-1 全书的逻辑架构图

2 科学共同体的适用性及基本认知

科学共同体的概念明确进入科学研究领域是在 1942 年,而其引起人们的广泛关注则主要是库恩和默顿之功。库恩的范式理论是科学社会学的思想源头之一,而默顿的相关研究则直接促成了科学社会学关于科学共同体的研究传统。仰赖于众多科学社会学家的努力,科学共同体理论渐趋成熟和完善,业已成为科学社会学研究的重要范畴之一。

科学共同体在档案学中是否适用,这是本研究首先需要解决的问题,因为它关乎到研究的科学性和合理性。本章首先从探讨科学共同体在档案学中的适用性入手,然后探讨科学社会学中关于科学共同体的基本认知,从而为后文的具体研究准备分析思路和内容框架。

2.1 科学共同体在档案学中的适用性

档案学共同体这一研究主题的提出,必然涉及科学共同体这一概念在档案学中的适用性问题。这个问题可分解为两个方面:一是档案学是科学吗? 二是科学社会学的"社会"之义。

2.1.1 档案学是科学吗?

"档案学是科学吗?"这种类似的质疑本身就是一种不明确的提问,症结在于"科学"一词的不确定性。我们实际上是在谈论科学的外延。"科学"的含义因其参照物的不同而不同。如果参照物是宗教,档案学毋庸置疑是一门科学。如果参照物是数学、物理学、化学,那么档案学还是一门科学吗?因此,档案学科学与否,应该是相对于数学、物理学、化学这类科学发出的提问。

作为一门以档案现象为研究对象的学科,档案学的学科属性问题由来已久。早在《1956—1967 年哲学社会科学规划纲要(草案)》和《1978—1985 年档案学发展规划》中,档案学就被列为社会科学中的一门学科。吴宝康在 1986 年的《档案学理论与历史初探》中明确提出,档案学是一门科学,是一门独立的学科。相对于数学、物理学、化学这样的自然科学,档案学是社会科学。

2.1.2　科学社会学的"社会"之义

档案学是社会科学的回答相信并不能使提问的人满意。这种质疑还可以进一步理解为:科学共同体的科学是指自然科学,档案学是社会科学,所以科学共同体不能用于档案学。这种理解其实是一种大大的误解。关于科学共同体在档案学中的适用性,我们把过多的注意力集中在了"科学"二字,而忽视了其社会性。下面将从几个方面来说明科学社会学的"社会"之义。

1. 科学社会学理论基于的经验研究

纵观科学社会学研究,其中的科学家样本除了来自物理学、化学和生物学,还分布在心理学、政治学、社会学等领域。相较而言,虽然自然科学的例子居多,但并不等同于只能分析自然科学,而是说连知识的最佳样板——自然科学尚且如此,更不用说社会科学了。早期曼海姆(Mannheim)在《意识形态与乌托邦——知识社会学导论》一书中,认为社会科学的内容是受社会因素的影响和制约的,但自然科学的内容却不受社会因素的影响和制约。也就是说,在曼海姆那里,自然科学知识反而被排除在社会学的考察范围之外。人文社会科学比自然科学更早进入科学社会学家的分析视野。

2. 社会学的自我例证

"像科学社会学中的许多其他问题一样,这个问题也是一个自我例证的问题:它需要把科学社会学中的思想应用到科学社会学家自身的认识行为和社会行为中。"① 例如多重发现假说就是一种自我例证,其本身就是一个多重发现。再如,科学知识社会学的四个信条之一——反身性,原则上也要求它的解释模式能够应用于社会学。

3. 对科学社会学的引证分析

科学社会学的影响力远远超出了社会学的范围。以默顿的科学社会学为例,加菲尔德(Garfield)对默顿在 1970—1977 年 8 年间所发表的论文在不同学术领域被引证的情况进行了统计。在自然科学领域、社会学领域、其他社会科学领域,默顿论文被引证次数依次为:203 次、923 次、1 413 次,分别占了这些论文被引证总数的 8%、36%、56%,甚至在非社会专业领域的影响超过了同领域一般作者的影响。由此可见,科学社会学同样适用于档案学这类社会科学。

综上所述,作为社会科学的档案学与科学社会学的"社会"之义并不相悖。档案学作为一门社会科学,恰恰更具有社会性,相对于自然科学更易受社会因素的影响和制约。科学共同体在档案学中的适用性为档案学共同体这一主题的提出提供了可能。

2.2 科学共同体的基本认知

2.2.1 从"什么是科学社会学"谈起

科学社会学,顾名思义,就是运用社会学的方法研究科学的一门学问。科学社会学之父默顿的著作为这一学科提供了主要的范式。

---

① 默顿. 科学社会学:理论与经验研究(上册)[M].鲁旭东,林聚任,译.北京:商务印书馆,2003:528.

在对科学进行社会学研究的核心问题域的界定中,波兰著名社会学家彼得·什托姆普卡(Piotr Sztompka)认为"默顿似乎假定了三个基本区分"①,在此基础上又可以重构两组八类问题。这三个区分依次为:科学的外部结构与科学的内部结构的区分、科学的认识结构与科学的社会结构的区分、科学的规范结构与科学的群体结构的区分。这两组八类问题中涉及科学与其社会环境的外在关系的有:外在社会环境对科学的内在社会结构的影响、科学的内在社会结构对外在社会环境的影响、外在社会环境对科学的内在认识结构的影响、科学的内在认识结构对外在社会环境的影响。涉及科学的社会系统内部成分之间的内在关系的有:科学的社会结构对其认识结构的影响、科学的认识结构对其社会结构的影响、科学的规范结构对其群体结构的影响、科学的群体结构对其规范结构的影响。

上述对科学进行社会学研究的讨论一直围绕着由默顿及其学生、同事和其他追随者发展起来的科学社会学。由于对科学与社会的互动关系研究侧重点不同,科学社会学分化为传统的科学社会学和科学知识社会学。

本书认为用彼得·什托姆普卡所理解的科学社会的核心问题域来认识默顿甚至是其他研究路线的科学社会学还是比较全面和到位的。

首先,这种划分反映了默顿科学社会学思想发展的阶段特征。默顿的科学社会学研究通常可分为前后两个阶段:前期以1938年的《十七世纪英格兰的科学、技术与社会》为代表,后期以1942年的《论科学与民主》和1957年的《科学发现的优先权》为主要代表。前期的默顿把注意力放在"社会中的科学"上,侧重分析近代科学起源的社会文化因素;后期的默顿把科学作为一种独立的社会系统进行结构与功能的分析,其注意力转向了"科学中的社会"。这种前后期的划分,也就是刘珺珺所区分的外部科学社会学和内部科学社会学。

其次,从默顿的研究著述中反映出来的上述三个区分并不局限于解释默顿的科学社会学,科学知识社会学的研究实际上也是在这个框架中进行

---

① 什托姆普卡.默顿学术思想评传[M].林聚任,等译.北京:北京大学出版社,2009:43.

的。简单来说,两者的分野在于研究侧重点的不同,关键在于对认识结构的理解和处理上——是否赋予了科学知识的思想内容免于社会学考察的特殊地位。一般认为,默顿学派主要研究科学的社会结构,科学知识社会学的侧重点则是科学知识,全面解析在科学知识的生产、表述、交流和评价等各个环节中,社会因素和人的主观因素的作用,力图表明科学知识不仅在发展的方向、速度和规模上,而且在内容上也是社会因素的因变量。

2.2.2 科学共同体概念的演进

澳大利亚学者雅各布斯(Jacobs)在对科学共同体这一概念进行批判性的考察时,将其最早追溯到了路德维希·弗莱克(Ludwik Fleck)发表于1935年的《科学事实的创生与发展》。或许是因为库恩曾明确表示弗莱克使他受益匪浅,"这篇论文先于我而提出了许多我自己的思想"。[①] 弗莱克在那篇几乎无人知晓的专论中,使用了"思想风格"(thought style)和"思想集体"(thought collective)这两个概念,并将思想集体定义为"一个由相互交换意见或智力互动的人们构成的共同体"。[②] 雅各布斯还发现,波兰尼(Polanyi)早在1941年的一篇论文中使用了"community of specialists"以及默顿在 1942 年提到了 "findings of science are a product of social collaboration and are assigned to the community"。上述三种情形,或者在内容陈述上,或者在概念称谓上已经有了科学共同体的影子,可以算得上是科学共同体的一种近似表达。

现有考证通常认为,最早明确使用科学共同体概念的是英国物理化学家、科学哲学家波兰尼。这是他在 20 世纪 40 年代与以贝尔纳为代表的左派科学家论战的产物。波兰尼在 1942 年曼彻斯特文学与哲学学会会议上

---

① 库恩. 科学革命的结构[M]. 金吾伦,胡新和,译. 北京: 北京大学出版社,2012: 序 3.

② JACOBS S. The genesis of "scientific community" [J]. Social epistemology, 2002 (5): 157 – 168.

的演讲《科学的自治》中说明了什么是科学共同体,后被收录于《自由的逻辑》(1951)一书,这被视为科学共同体概念出现之伊始。

随后,社会学家希尔斯(Shils)在一篇文章中专门论述了科学共同体,见于1954年《原子科学家公报》上的《科学共同体:汉堡会议后的思想》,后收录于《论知识分子、权利及其他》(1972)。这篇以科学共同体为题名的文章实际上是他对1953年7月在德国汉堡举行的"科学与自由"讨论会的思想概括。他总结了在这次讨论会中形成的科学共同体概念:"一个科学共同体的图景开始浮现出来——有自己的组织机构,有自己的规则,有自己的权威,这些权威通过自己的成就按照普遍承认与接受的标准而发生作用,并不需要强迫。"①

科学共同体概念成为科学社会学家普遍应用的概念,则是在《科学革命的结构》出现以后。由于该书的影响,科学共同体成为社会学家的重要研究课题。哈格斯特龙(Hagstrom)的《科学共同体》(1965)、斯托勒(Storer)的《科学的社会系统》(1966)、本-戴维(Ben-David)的《科学家在社会中的角色》(1971)、克兰的《无形学院——知识在科学共同体的扩散》(1972)、科尔(Cole)兄弟的《科学中的社会分层》(1973)、朱克曼(Zuckerman)的《科学界的精英》(1977)、加斯顿(Gaston)的《科学的社会运行——英美科学界的奖励系统》(1978)、富兰克(Franck)的《哈维与牛津生理学家》(1981)、赫尔曼(Hermann)的《欧洲的科学共同体》(1986)等一系列代表著作接连涌现。

2.2.3 科学共同体研究的两种模式

有学者认为在对科学共同体的社会学说明中,默顿和库恩的研究代表了该领域的主流,并建构了默顿和库恩两个基本范式②。这种看法与我国

---

① SHILS E. The scientific community: thoughts after Hamburg[J]. Bulletin of the atomic scientists,1954(5):151-155.

② 冯鹏志.科学共同体的社会学说明——默顿模式与库恩模式之比较[J].自然辩证法通讯,1992(5):43-49.

学者当前对科学共同体的具体使用和研究情况也是大致吻合的。

作为科学社会学的创始人,默顿从 20 世纪 30 年代起就开始运用社会学的理论和方法去研究科学。科学社会学作为"第一种爱"贯穿了其 70 余年的学术生涯:《十七世纪英格兰的科学、技术与社会》作为奠基之作提出了著名的默顿命题,《论科学与民主》系统提出了科学界的规范体系,《科学发现的优先权》阐述了科学界的奖励系统……这一系列纲领性文献,确立了这 学科的概念框架和研究范式。1973 年出版的《科学社会学:理论与经验研究》汇编了他在这方面的主要研究成果,集中代表了他的科学社会学思想。在默顿的著述中,他本人很少使用"科学共同体"这个概念,更经常使用的是科学家们(scientists)、科学家同行(peer)、无形学院(invisible college)、参照群体(reference group)等概念去指称科学家群体,那么他的研究有没有涉及科学共同体呢? 正如默顿的学生史蒂芬·科尔所评论的,直到 20 世纪70 年代,包括默顿等在内的科学社会学家们,都是研究科学共同体的内部社会组织①。就连科学知识社会学派在批评默顿时,也认为默顿科学社会学属于一种科学家的社会学,完全是为了科学家服务的②。

对于科学共同体概念的发展而言,库恩《科学革命的结构》是一个分水岭③。尽管科学共同体这个术语不是库恩首先提出来的,却是因为库恩而声名远扬的。一方面,科学共同体概念是因为与库恩的范式联系在一起而备受瞩目;另一方面,也是因为库恩对科学共同体给出了一个比较全面的定义。

国内已有不少文章对这两种科学共同体模式进行了比较,有人甚至用库恩的术语"不可通约性"来定位两者的关系,认为它们在逻辑上不存在交

---

① 科尔.科学的制造:在自然界与社会之间[M].林建成,王毅,译.上海:上海人民出版社,2001:5.
② 刘华杰.殿里供的并非都是佛[M].南京:江苏人民出版社,2004:14.
③ 雅各布斯.科学共同体:一个社会学主题的阐述和评论[J].科学学译丛,1988(3):4-10.

叉和演绎关系,在规范、结构、动力等方面也没有统一的理论基础和评价标准①。本书倾向于将两者看作是互补关系,两种模式考察角度和重点的不同并不代表"不通"。这从默顿和库恩对彼此的评价当中也可以得到印证。1962年《科学革命的结构》一经出版,默顿就给库恩写信表示赞赏:"我必须说,这是一部十分有才华的著作。在书中你对从事研究的科学家、对历史发展的模式、对这一发展的社会学过程的认识,比我所知道的任何科学史家都深刻得多。"② 这从一个侧面表明了两者是并行不悖的,在科学社会学的研究中都发挥了各自独特的功能。

简单来说,库恩与默顿不同之处首先在于库恩对科学家群体进行了"范式"的限定,打破了科学界的统一局面,揭示出了科学界存在着不同的科学共同体从而也使对科学共同体的研究有了进一步深入的可能。这种区别在当前的研究中表现为,不分学科论述科学共同体时主要运用默顿模式讨论科学的规范、分层、奖励等;具体到某一学科专业共同体时则参照库恩模式讨论科学的范式。其实,库恩除了强调科学共同体的重要性以及给出一个直观的描述之外,对科学共同体的研究并不多,这也是他在1969年出版的《科学革命的结构》(第二版)后记中始终强调科学共同体研究的原因,而他在脚注中列出当时已经出现的一些探讨科学共同体的研究成果如加斯顿、克兰、穆林斯(Mullins)等人所做的探讨,也就是默顿学派的工作。

2.2.4　科学共同体的含义解读

虽然前文追溯了科学共同体的历史,也梳理了科学共同体研究的两种模式,但是仍然很难说清科学共同体究竟是什么。从科学共同体的相关研究著述来看,学者们普遍是在两个层次上使用这一概念。

---

① 王彦君,吴永忠.试析两种科学共同体理论的不可通约性[J].科学技术与辩证法,2002(3):50-53.

② 默顿.科学社会学散忆[M].鲁旭东,译.北京:商务印书馆,2004:143-144.

1. 科学共同体：科学体制

这一层次的研究将科学共同体等同于科学体制或科学建制，在具体行文时与学术界、学术系统、学术体制等概念交替使用。从社会体制的角度理解科学，已基本获得了学界的广泛认同，一些权威的工具书也把这种理解吸收了进来。社会体制被社会学家大体在两种不同的情况下使用：一种意义比较抽象，是指像经济、教育、宗教、语言等构成的各种社会体制；另一种意义比较具体，是指教堂、学校、市场等各种组织机构。相应地，科学共同体作为科学体制也是在这两种情况下被实际使用着。以第一种情况为主，基本沿袭了默顿的抽象意义的科学体制，其规范包括普遍主义、公有性、无私利性、有组织的怀疑主义。但是也不乏从具体意义上使用科学体制，如将各级科协和全国学会视为科学共同体等。

2. 科学共同体：科学家群体

这一层次的研究将科学共同体等同于科学家群体，在具体行文时与科学家共同体、科学家群体、科学同行等概念交替使用。

从科学家群体的角度理解科学共同体，又分为三种情况：科学研究共同体、科学专业共同体、科学职业共同体。科学研究共同体指由于共同的研究或合作而结合而成的群体，像师徒共同体、夫妻共同体、同事共同体等是基于研究者之间关系的一种称谓，实质上就是一种组合。科学专业共同体指一个学科专业的科学家构成的群体，以库恩、加斯顿为代表。科学职业共同体指所有科学家构成的群体，以波兰尼、默顿、李克特（Richter）等为代表。

如上所述，"科学共同体"这一概念基本上是在抽象意义的科学体制、具体意义的科学体制、所有科学家构成的群体、专业同行构成的群体、合作者构成的群体这五种意义上被使用的。还有学者在综合意义上使用这一概念，将科学共同体既视为一种社会建制，又视为科学认识活动的主体。将科学体制与科学家群体这两种用法置于科学社会学核心问题域的框架中，有助于认识两者的关系。科学体制对应科学的社会结构，科学家群体对应科学的群体结构，它们之间是一种包含关系。虽然有学者认为将科学共同体等同于科学体制是不正确的,并且将科学共同体等同于所有科学家构成的群体也是不准确的①。但上述两个层次五种意义确确实实就是当前科学共同体研究的语境。因此,不妨将科学体制作为一种广义的科学共同体,科学家群体作为一种狭义的科学共同体。

科学体制与科学家群体除了包含关系,还更体现为侧重点的不同。这种侧重点的不同首先体现为相对物的不同。波兰尼科学共同体概念的提出,实际上是与科学家个人、社会公众并列到一起讨论的:"科学家个人在选择问题和进行探究的时候,要利用直觉;科学家团体控制自己的成员,要利用强加的科学标准;最后,人们要在公开的讨论当中,决定是否将科学接受为对自然的真正解释。"② 换句话说,科学共同体的题中之义是科学的自主与交流。

3. 相对于宏观社会环境,科学共同体强调自主性

20 世纪 30 年代初德国纳粹政权对科学施行的种族主义政策以及苏联迫害遗传学等学科的闹剧,引起了科学界对科学自主性的关注,甚至还引发了关于科学的"计划与自由"的国际大讨论。默顿由社会规范入手揭示了科学的自主性,他说:"科学要求具有相当大程度的自主性,并已形成了一种制度化的保证科学家忠诚的体系。"③ 默顿还指出:"对科学来说,自主性的核心体现在科学家对基础研究的追求方面。"④ 对科学家的基础研究附加政治或经济应用目标的做法都是不合理的,否则科学就会变为神学、经济学或国家的"婢女"。那样,科学只有在符合其他社会建制的标准之时,才会被承认。如此一来,科学将难以稳定。

4. 相对于科学家个人,科学共同体重在交流

科学的公有主义规范体现了科学活动的产物——科学知识的公共性特

---

① 樊春良.默顿科学社会学理论新探[J].自然辩证法通讯,1994(5):38-53.
② 波兰尼.自由的逻辑[M].冯银江,等译.长春:吉林人民出版社,2002:63.
③ 默顿.科学社会学:理论与经验研究[M].鲁旭东,林聚任,译.北京:商务印书馆,2003:351.
④ 默顿.社会研究与社会政策[M].林聚任,等译.北京:生活·读书·新知三联书店,2001:249.

征,即科学知识共产、共有、共享。研究成果必须公诸于世,为其他科学家所评判,才能纳入科学知识的宝库。这一切有赖于科学家之间的交流。而共同体概念的本意,是其成员之间的积极的互动——交流。

2.2.5 科学共同体的分析框架

科学共同体这个概念,一方面反映了科学活动组织起来的最为本质的特征,另一方面也比较容易对其展开经验性研究[1]。那么,如何对科学共同体进行分析呢? 在这个问题上,大多数学者的态度是暧昧不清的。首先,相关研究一般论及科学共同体的某一方面,很少明确说明科学共同体研究包括哪几个方面,"关于科学共同体或科学建制,是科学社会学研究的中心所在,其中的研究论题很多。在这里,我们仅仅涉及一下科学共同体的特点和功能。"[2] 其次,同样的内容,有时被作为科学共同体的一部分,有时则被作为与科学共同体并列的部分进行论述。少数研究明确提到了科学共同体的构成要素或分析框架,如彼得·什托姆卡认为默顿把科学共同体区分了至少六个子系统:制度化的警觉系统、科学的交流系统、评价和奖励系统、分层系统、纳新和指导系统、非正式影响系统。[3] 张斌认为学术共同体由组织层面、制度层面与精神层面三个层面的核心要素组成。[4] 阎光才认为学术共同体的认可机制包括了学会组织、学术资助制度、学术奖励制度、学术期刊制度、群体权利保障制度等。[5]

学者们研究态度的暧昧以及分析框架的差异,一方面反映了科学共同

---

① 刘珺珺.科学社会学[M].上海:上海科技教育出版社,2009:115.
② 李醒民.科学论:科学的三维世界[M].北京:中国人民大学出版社,2010:1000.
③ 什托姆普卡.默顿学术思想评传[M].林聚任,等译.北京:北京大学出版社,2009:58.
④ 张斌.我国学术共同体运行的现状、问题与变革路径[J].中国高教研究,2012(11):9-12.
⑤ 阎光才.精神的牧放和规训:学术活动的制度化与学术人的生态[M].北京:教育科学出版社,2011:53.

体这一概念确实过于抽象,另一方面也反映了研究侧重点的不同。对科学共同体进行分析,首先要将其在科学社会学中定位。本书主要在群体的层次来使用科学共同体,对应于前文科学社会学核心问题域中的群体结构。从科学共同体的相关论述来看,群体层面的科学共同体研究可概括为两个方面:分层结构和运行机制。前者侧重于对科学知识生产主体的静态描述,后者侧重于对科学知识生产机制的动力分析。

第一,分层结构。这方面的研究主要缘于社会分层理论在科学社会学中的运用。社会分层理论就是依据某一标准将某个社会整体分解成各种层次的社会学理论。通俗地讲,社会分层理论就是研究差异或不平等现象的理论。在西方的科学社会学中,社会分层理论是研究科学内部结构的有效工具。分层结构的考察是对科学共同体由外入内地进行深入研究的重要过渡,也是进一步探索其内部运行规律的必经阶段。

第二,运行机制。这方面的研究主线较为明确,即主要围绕默顿的科学奖励制度与马太效应展开,默顿学派的其他科学社会学家对其进行了补充和完善,其中,朱克曼、科尔兄弟等对科学中的权威结构进行的研究较为突出。此外,我国的部分学者如刘珺珺、阎光才等也对科学共同体的运行机制问题展开了卓有成效的研究,并应用其原理对我国的学术制度进行了分析。对科学共同体运行机制的研究是探索其发展规律的具体实现。

3 中国档案学共同体的群体结构

科学共同体的形成条件在我国档案学领域早已具备,结合库恩模式和默顿模式可对中国档案学共同体的概念有更加清晰的认识。当前,中国档案学共同体虽然存在不同程度的问题,但是不会改变其业已形成的事实。对中国档案学共同体的深入研究首先要从其群体结构入手,在对其基本情况充分了解的基础上,通过分层结构的考察深入其内部,实现从外到内的过渡,并为其内部运行机制的探索奠定基础。

3.1 中国档案学共同体的基本问题

从前文研究综述来看,大部分相关研究成果的作者是在默认中国档案学共同体业已形成的前提下展开探讨的。即便如此,在我国档案学界仍有部分学者对此持怀疑态度。

3.1.1 中国档案学共同体的形成与否

中国档案学共同体的概念源自于科学社会学中的科学共同体。在关于科学共同体的相关研究中,库恩模式和默顿模式是得到普遍认同的两种佼佼理论。

库恩模式下的科学共同体是与范式密不可分的。根据库恩的范式理论,科学共同体是共有一个范式的科学家群体,范式是科学共同体形成的前提。但是,我国学者就中国档案学范式是否形成这一问题尚未达成共识,中国档案学共同体形成与否就更悬而未决了。在中国档案学范式论的研究成果中,陈祖芬和孙大东是系统应用范式理论对中国档案学的相关问题作出库恩式解析的典型代表,但两人的观点却是截然对立的。陈祖芬认为,中国档案学范式已形成,故中国档案学共同体的存在也是顺理成章的事。[1] 孙大东的观点则与此相反。[2] 应用同一种理论对相同对象进行研究,却得出截然相反的结论,一方面固然跟范式理论固有的缺陷尤其是范式概念的模糊性、暧昧性有关,另一方面也跟中国档案学表现出的部分特征无法与范式相契合有很大关系。

而默顿模式则不同。在科学体制中,科学共同体是一种独立的存在。虽然其与科学职业化、科学交流系统的形成有密切关系,但是其有自身的内部结构和运行机制。当前应用默顿模式进行档案学跨学科的研究尚未系统展开。

整体来看,库恩模式的科学张力是借助于范式理论而存在的,其并未对科学共同体展开专门研究,离开了范式理论,其科学共同体理念是不能成立的,更遑论其独立应用了。相较而言,默顿模式的理论体系较为完备,适用范围较为广阔。本书的研究亦主要采用默顿模式的理论体系。

根据默顿模式的相关理论,科学共同体的形成条件主要有两个:

第一,科学活动的专门化、职业化。

科学活动的专门化、职业化"是指社会上出现了一批以科学为专门职业的人,出现了科学家这样的社会角色"[3]。科学活动的专门化、职业化是科学发展史上至关重要的历史步骤,这一历史进程的出现和发展标志着科学成为一种专门职业,从而使科学家这一角色在社会中牢固地确立起来,为其进一步发展奠定了基础。

---

[1] 陈祖芬.档案学范式的历史演进及未来发展[M].上海:上海世界图书出版公司,2010:168.

[2] 孙大东.基于范式论视域的中国档案学发展研究[D].北京:中国人民大学,2015:103.

[3] 刘珺珺.科学社会学[M].上海:上海科技教育出版社,2009:90.

科学活动的专门化、职业化是与高等教育、工业、政府和国家事业的发展密不可分的。首先,科学家从事科学活动需要大量的资金支持;其次,科学家个人的生活也需要一定的经济来源。而大学、工业研究、国家科学事业研究正好能够为科学家提供资金支持、职业岗位等条件,同时也能够为其职业活动的开展和职业技能的施展提供广阔的发展空间。这一历史进程的不断发展又反过来促使科学家成为社会中举重若轻的社会角色,从而促进科学体制的社会化发展。

第二,科学社会体制的形成。

社会体制是指人们在某种共同目标的支配下,组织形成一定的社会结构、运用适当的物质手段开展特定活动以实现某种社会功能的体系。① 随着现代科学的发展,科学的结构日益复杂化。同时,科学这种体制日益渗透到其他的社会组织和机构之后,最终促成了科学社会体制的形成。

科学社会体制的形成主要体现在两个方面:一是从事科学活动的科学家被组织在大学、工业系统、国家所属的科学研究单位等实体组织,在相应的职业岗位上稳定下来,并受相应的规章制度、纪律规范等约束;二是科学家之间有较为充分的科学交流。"科学交流是一种无声的力量,它把分散的科学家的认识汇聚和统一起来,形成不同的研究领域、专业和学科,形成不同层次的科学共同体。"② 科学交流是通过各种具体的途径和形式实现的,最为主要的媒介是科学期刊和书籍,其中尤以科学期刊为要。

当前,我国不仅建立了较大规模的、稳定的档案学术研究专职岗位,档案学专业、档案科研机构、档案学会或学会分会等的普遍建立亦完成了社会体制化的过程,而且还形成了档案学术期刊群、中国档案出版社、世界图书出版公司等固定的专业出版和宣传阵地,形成了档案学术研究的核心作者群,通过各种学术会议等扩大了我国档案学在国内外的影响力。因此,中国档案学共同体已经具备上述条件,业已形成。具体数据和案例将在后文历

---

① MALINOWSHI B. A scientific theory of culture[M]. New York: Oxford University Press, 1960: 52 - 53.

② 刘珺珺. 科学社会学[M]. 上海: 上海科技教育出版社, 2009: 121.

史回顾中详细呈现。

3.1.2 中国档案学共同体的概念界定

库恩模式虽然存在固有缺陷,却为本书的研究提供了较大的启示,其与默顿模式相互补充,即可形成对中国档案学共同体的清晰认识,包括概念界定。

第一,库恩模式可为本书梳理中国档案学共同体与研究团队、学派等的关系提供启示。根据范式理论,学派只存在于前科学时期,各学派因共有一个范例而独立存在。在激烈的学术论争中,各学派不断兼并直至仅存一个,各范例也在兼并中统一,范式和科学共同体得以形成。因此,在一定程度上来说,学派是科学共同体的雏形,范例是范式的雏形。科学共同体形成之后,在其内部存在众多次一级的科学共同体,但此时,这些次一级的科学共同体只是因为研究领域的不同而存在,因此与学派是有本质区别的。范式和范例的区别在于其地位和影响范围的不同,但其结构在本质上是一样的,即是概念、理论、工具和方法论的集合体,其中理论是主要组成部分。因此,在库恩模式下,学派和科学共同体主要是基于理论而区别的。库恩的研究未涉及研究团队的问题。而在默顿模式下,科学共同体之间的主要区别在于其科学研究活动对应的科学门类及其不同学科之下的科学交流系统。科学共同体内部的层次结构主要是依据科学家的学术产出而划分的。由于本书主要借鉴的是默顿模式的相关理念,因此,学派与本书研究的中国档案学共同体的划分标准是不同的。就当前的情况来看,我国档案学的研究团体多是围绕某一研究课题而形成,亦有围绕某一理论体系而形成的,如中国人民大学的电子文件管理研究团队,但其数量相对较少。从形式上来看,研究团队与学派较为相似,故不再展开分析。

第二,库恩模式可为本书对中国档案学共同体概念的界定和范围的限定提供启示。库恩模式下的科学共同体是有严格准入条件的,这与默顿本人对科学规范的研究以及普赖斯等人对无形学院的研究其基本精神是一致的。根据孙大东的梳理,在库恩模式下,中国档案学共同体应具有共同的学术研究目标和学术研究承诺、较高的学术研究素质和学术研究成就、较强学术自律性等。① 此外,库恩将具有充分的科学交流视为科学共同体的一个重要特征,而默顿学派则非常重视科学交流系统在科学共同体运行机制中的作用。受此启发,本书形成了关于中国档案学共同体的两点基本认识:一是其范围并不是如丁华东等学者认为的包括所有具有档案学术研究能力的人,而应有所限定,限定条件包括共同的价值观、一定的学术研究素质和能力、研究成果等,而且在划分中国档案学共同体的结构层次时,应将高校档案学专业教师视为其核心。二是在界定中国档案学共同体的概念时,除了将上述限定条件纳入其中,亦应将档案学术交流纳入其中。

根据以上分析,并结合默顿模式根据科学家的科学研究活动对应的科学门类及其不同学科之下的科学交流系统区分科学共同体的理念和方法,本书尝试对中国档案学共同体的概念界定如下:中国档案学共同体指在中国档案学的范围内,具有共同的学术研究目标和价值观念、较高的学术研究素质和学术研究成就、较强学术自律性并能够进行充分学术交流的档案学学术研究群体。当前,高校档案学专业教师是中国档案学共同体的核心力量。除此之外,中国档案学共同体亦包括具有共同价值观和一定学术研究成果、具备一定学术研究素质和能力等的档案工作者。中国档案学共同体成员之间通过正式和非正式的学术交流系统展开充分的学术交流。

3.1.3 中国档案学共同体的问题分析

关于科学共同体理论在档案学中的适用性问题本书第 2 章已予以解答。即便如此,部分学者对中国档案学共同体是否形成仍心存怀疑。除了发展程度、学科建设情况等与其他学科相比有不同程度的差距外,当前中国

---

① 孙大东.基于范式论视域的中国档案学发展研究[D].北京:中国人民大学,2015:108-111.

档案学共同体本身亦存在一些问题,导致其不能与科学共同体的某些特征相匹配,也成为其受人质疑的主要原因之一。

第一,中国档案学共同体的整体规模较小且后备力量不足。

关于中国档案学共同体的整体规模,丁华东认为在 5 000 人以上,[①] 孙大东则认为在 500 人左右。[②] 两人估算较为悬殊。值得注意的是,丁华东是将档案学共同体视为具有档案学术研究能力的人的集合,而孙大东则应用库恩模式进行限定之后,再根据档案学博士研究生的招生规模和档案学核心作者的相关统计数据做出估算的。相较而言,丁华东由于没有考虑准入问题其估算数据难免过大;孙大东的估算依据与本书的研究更为接近,而且其在库恩的基础上有适当的扩大,因为库恩的科学共同体类似于无形学院,是科学家精英群体。本书亦综合考虑了与学术产出密切相关的因素——当前档案学专业期刊群的规模和发文数量,认为 500 人的规模较为适当。根据库恩的描述,在生物学中,仅噬菌体领域就可产生一个百人左右的小科学共同体。[③] 因此,对于拥有众多学科分支和研究领域的独立学科而言,中国档案学共同体的整体规模显得较小了一些。

就长远发展来看,中国档案学共同体的后备力量也稍显不足。其一是档案学博士研究生的招生规模有限。档案学博士在我国档案学术研究中发挥着重要的作用,而当前我国具有档案学博士研究生招生资格的 6 所高校年均招收 15 人左右,而且在未来一段时间内难有较大增长。其二是一线档案工作者从事学术研究的动力不足。学术研究并不是一线档案工作者的主要任务,对于大部分档案工作者而言,评聘专业技术职称的需要是他们撰写和发表学术论文的最大动力。但从 20 世纪 90 年代末以来,由于国家推行公务员制度,尤其是在实行事业单位参公改革之后,不再评聘专业技术职称,其激励作用亦随之消失,档案工作者更加失去了从事学术研究的理由。

---

① 丁华东. 档案学理论范式研究[M]. 上海:上海世界图书出版公司,2011:280.
② 孙大东. 基于范式论视域的中国档案学发展研究[D]. 北京:中国人民大学,2015:111.
③ 库恩. 科学革命的结构[M]. 金吾伦,胡新和,译. 北京:北京大学出版社,2012:149.

第二，中国档案学共同体中高产作者较少、学术权威稀少。

根据普赖斯的研究，高产科学家在科学发展中的贡献远大于低产者，且其在科学交流中亦发挥着更为重要的作用。[①] 而根据波兰尼的研究，科学权威在维持科学共同体的存在、保证科学传统的延续和科学创新的确立与传播等方面具有重要作用。[②]

依据普赖斯定律，一定时期内，中国档案学领域的高产作者人数约为全部作者总数的平方根。若以 500 人的规模测算，理论上中国档案学共同体中的高产作者为 23 人左右。徐拥军和张斌对 2006 年 1 月至 2010 年 3 月中国知网中的档案学期刊论文做了统计分析，结果显示高产作者(发文数量超过 10 篇或被引超过 10 次)为 31 人。[③] 这两个数据相差不大，均反映出了中国档案学共同体中高产作者数量较少的现象。

学术权威是在某一领域甚至某一研究方向中凭借其学术知识确立起领袖地位和导向作用的学者群体。学术权威是在学术成果的数量和质量积累到相当高的程度才产生的共同体结构。当前中国档案学共同体中具备学术权威条件的成员数量非常稀少。

第三，中国档案学共同体的研究主题分散、原创性理论体系较少。

冯惠玲和周毅在调查我国档案学科"十一五"期间的发展情况时发现，学术力量分散是阻碍我国档案学进一步发展的重要因素，主要表现为各高校"研究主题的分散性、多样性和随机性。即使是同一作者在近十年中的研究也在多变而少有持续性"[④]。研究主题分散会极大地影响到学术研究的深度，亦直接影响到中国档案学共同体研究成果的质量。这种情况的存在

① 普赖斯 D. 小科学，大科学[M]. 宋剑耕，戴振飞，译. 北京：世界科学社，1982：44 - 45.

② POLANYI, M. Science, faith and society [M]. Chicago：University of Chicago Press，1964：52 - 53.

③ 徐拥军，张斌. 中国档案高等教育发展现状调研与对策分析[M]. 档案学研究，2011 (5)：80 - 88.

④ 冯惠玲，周毅. 关于"十一五"档案学科发展的调查和"十二五"发展规划的若干设想 [J]. 档案学研究，2010(5)：4 - 10.

不利于学术产生的积累,进而会减缓权威结构的产生进度。

冯惠玲和周毅在文章中同时指出,"中国风格的档案学理论体系尚需发展。"① 换句话说,我国档案学领域目前的原创性理论体系还比较少。目前来看,中国人民大学的电子文件管理理论体系算是为数不多的原创性理论体系。原创性理论体系不仅对学科发展具有重要的作用,甚至有助于形成新的分支学科,而且对中国档案学共同体的建构具有重要作用,围绕原创性理论体系有可能形成一个小的无形学院。

当然,中国档案学共同体尚存在其他方面的问题,如学术规范方面的欠缺、学术研究动力方面存在一定问题等。但就当前而言,上述三个仍是影响其成长的主要问题。

但是,上述三个方面问题的存在只会对中国档案学共同体学术研究活动的开展和学术功能的发挥产生不同程度的影响,不会改变其业已形成的事实,而且其中高产作者和学术权威等均是在其形成之后学术生产积累到一定程度才会出现的结构特征。默顿模式下科学共同体的形成条件在我国档案学领域早已具备。因此,我们不应再过多地纠结于中国档案学共同体是否已经形成的问题,而应利用相关理论开展研究和积极建构。

3.2 中国档案学共同体的历史回顾

根据科学共同体的相关研究成果并结合中国档案学的实际情况考虑,中国档案学共同体形成的基本条件主要有以下两点:一是职业化,即专门从事档案学教学和学术研究的人员大量出现,并在相关的高校、研究院所、国家相应的学术研究机构中有较为稳定的职业岗位;二是正式学术交流系统的出现,即由档案学术期刊、档案学书籍(包括档案学教材)、正式的档案学术会议等组成的学术交流网络的形成。

---

① 冯惠玲,周毅. 关于"十一五"档案学科发展的调查和"十二五"发展规划的若干设想
　[J]. 档案学研究,2010(5):4-10.

3.2.1　中国档案学共同体的孕育阶段(20世纪30年代—1949年)

中国档案学的历史表明,20世纪30年代由国民政府发起的"行政效率运动"是导致中国档案学产生的直接原因。[①] 在中国档案学的历史长河中,此次运动直接或间接为中国档案学带来的宝贵财富有:一是"十三本旧著"等早期档案学著作的出版,二是《行政效率》杂志上关于文书、档案工作的学术性文章的发表,三是培育出了中国档案学的"启蒙者",四是武昌文华图书馆专科学校、私立崇实档案学校等档案学专科教育机构的设立。

但是,对中国档案学共同体而言,这一时期尚处于孕育阶段,理由如下:第一,专职于档案学术研究的学者尚未出现,且无档案学研究的专门岗位。虽然这一时期出现了众多档案学的"启蒙者",但是这些"启蒙者"的本职工作是行政管理而不是学术研究。[②] 武昌文华图书馆专科学校、私立崇实档案学校等档案学专科教育机构设立的主要目的是培养文书档案专门人才,为国民政府的行政效率改革运动服务,即其主要任务是"教"而不是"研"。周连宽、程长源、傅振伦等人的著作总结和梳理的成分居多,探索和研究的成分较少,且在档案学专科教育中主要以教材的面目示人。此外,武昌文华图书馆专科学校、私立崇实档案学校等机构的开办时间较短,限制了档案学术研究专职人员和专门岗位的形成。如武昌文华图书馆专科学校从1939年正式开设档案管理讲习班,到1953年并入武汉大学停办档案管理科,只有14年时间;私立崇实档案学校从1946年3月正式招生,到1948年12月停办,历时仅有两年零九个月。[③] 第二,学术交流的媒介单一、缺乏。这一时期出现的学术交流媒介主要有两种:一种是档案学著作,一种相关的学术论文。从著作来看,这一时期的档案学著作典型代表就是"十三本旧著"。除去与文书学直接相关的四本,

---

[①]　吴宝康.档案学概论[M].北京:中国人民大学出版社,1988:317.

[②]　胡鸿杰.化腐朽为神奇——中国档案学评析[M].上海:上海世界图书出版公司,2010:70.

[③]　方慧惠.中国档案高等教育模式研究[D].北京:中国人民大学,2015:34-38.

其余九本与档案学直接相关的著作又以工作梳理和经验总结为主,学术探讨和研究的成分不多。从学术论文来看,这一时期发表的关于档案学的学术论文主要刊载在《行政效率》杂志上。据统计,在其共发行3卷、总计刊发的202篇文章中,与文书档案工作有关的文章就有69篇①,占刊文总量的34%。但是,《行政效率》杂志一枝独秀的局面和昙花一现的寿命并未能承担起档案学术广泛交流的历史重任。

表 3 - 1　档案学十三本旧著书目

旧著类型	作　者	书　名	出版年份
文书类	徐望之	公牍通论	1931
	陈国琛	文书之简化与管理	1946
	许同莘	公牍学史	1947
	周连宽	公文处理法	1947
档案类	程长源	县政府档案管理法	1936
	何鲁成	档案管理与整理	1938
	龙兆佛	档案管理法	1940
	梁上燕	县政府公文处理与档案管理	1942
	傅振伦、龙兆佛	公文档案管理法	1946
	周连宽	档案管理法	1947
	秦翰才	档案科学管理法	1947
	黄彝忠	档案管理之理论与实际	1947
	殷钟麒	中国档案管理新论	1949

3.2.2　中国档案学共同体的雏形阶段(1949—1976 年)

1949 年 10 月 1 日,中华人民共和国建立,中国档案学迎来了新的发展

---

① 吴宝康.档案学的理论与历史初探[M].四川:四川科学技术出版社,1986:158.

机遇,并取得了一系列突破。与中国档案学共同体紧密相关的成果主要有以下几方面。

第一,《材料工作通讯》的出版。1951 年 5 月,我国第一本全国性的档案工作刊物——《材料工作通讯》出版发行,1953 年 5 月改名为《档案工作》。1965 年,《档案工作》停刊。在 1951—1965 年间,从《材料工作通讯》到《档案工作》,该杂志共出版了 103 期,在新中国档案事业的发展中,它对档案学理论知识和档案工作实践经验的传播,有着重大的历史功绩。

第二,中国人民大学创办档案专业。随着新中国建设的全面展开,短期培训已不能满足档案工作发展的需要,迫切需要专业档案教育机构的出现。1952 年 11 月 15 日,中国人民大学档案专修班成立,首批学员为来自各地各单位的 112 名干部,由吴宝康、田凤起、韦庆远、王明哲、李凤楼等担任专业教师。1953 年 7 月,更名为档案专修科,并于 1955 年 4 月在其基础上创办历史档案系。1955 年 9 月开始招收本科生,学制 4 年。共设置 4 个专业教研室,开设基础课和专业课共 20 余门。中国人民大学历史档案系的成立,使新中国开始有了培养档案专门人才、档案师资队伍的基地,一定程度上填补了中国档案高等教育的空白。

1966 年开始,历史档案系停止招生。1969 年,中国人民大学停办,历史档案系全体教职员工前往江西五七干校劳动锻炼,1972 年底全部返京。1973 年,中国人民大学宣布解散,历史档案系由于没有对口的专业学校接收,被列为解散单位。1974 年 5 月,中国人民大学历史档案系宣告停办。诸多教师及行政干部被迫改行,档案教学设备及相关图书资料被分散,专业教育遭到废弃,新中国建立后唯一的档案高等教育机构被取消。可以说,1966—1976 年中国档案高等教育完全处于停滞状态。

第三,国家档案局成立档案学研究室。"1958 年 12 月,国家档案局成立了档案学研究室,这是新中国第一个专门的档案科学研究机构"①,标志着在国家机构中产生了专职的档案学术研究岗位。

---

① 李财富. 中国档案学史论[M]. 合肥:安徽大学出版社,2005:66.

这一阶段虽然经历了一些波折,但是总的来看,我国在高等院校和国家机构中出现了较为稳定的学术研究专职岗位,档案学人也有了学术交流的专门阵地,档案学共同体的雏形已经产生。

3.2.3 中国档案学共同体的形成阶段(1976—1987年)

1976年后,档案事业也迎来了新的发展机遇,尤其是在1978年12月党的十一届三中全会召开之后,国家规模的档案事业逐渐开展。在这一时期与中国档案学共同体形成条件紧密相关的成果可分为两个方面:一是与档案学术研究职业化相关的成果,二是与正式的学术交流系统相关的成果。

3.2.3.1 中国档案学术研究职业化的相关成就

第一,中国人民大学档案高等教育的恢复与发展。

在中共中央和国务院的关心和支持下,中国人民大学于1978年7月复校。当年8月,中国人民大学恢复和新建了包括历史档案系在内的15个系、6个研究所等。历史档案系正式更名为档案系并恢复招收档案学专业的本科生,从而将档案学从历史学中划分出来,成为一个独立的专业。1979年,中国人民大学按照中共北京市委的部署在西城区创办了第二分校并在其下开设了档案学专业。1984年,中国人民大学获得档案学硕士学位授予权,成为我国第一所设立档案学硕士学位点的高校。

1985年7月5日,教育部正式发函同意中国人民大学设立档案学院,11月正式成立。在1987年11月中国人民大学创办35周年之际,"中国人民大学档案学院共设置5个教研室及办公室资料室等共计11个单位。全院在职职工合计95人,其中在职教师岗位共计73人。"①

中国人民大学档案高等教育的恢复与发展在我国档案专业高等教育中具有重大意义。凭借自己的师资力量,中国人民大学不仅为我国档案事业

---

① 陈兆祦. 继续为培养社会主义档案事业建设人才而努力——庆祝中国人民大学档案学院创办35周年[J]. 档案学通讯,1988(1):14-16.

输入了各种专业性人才,尤其是档案学术研究人才,为地方高等院校建立档案学专业奠定了人才基础,而且其自身也发展为我国档案学术研究的重镇。

第二,全国各地高等院校建立档案学专业。

从1978年开始,全国各地的部分高等院校纷纷建立自己的档案学专业。根据表3-2显示,1978—1987年,我国共有18所高等院校建立了档案学专业,遍布16个省、直辖市,其中,江苏和河南各有2所高校开设了档案学专业。

表3-2　1978—1987年我国建立档案学专业的高校

序号	建立年份	高校名称	所在地
1	1978	中国人民大学第二分校(北京联合大学)	北京
2	1981	四川大学	四川成都
3	1981	天津师范大学	天津
4	1981	辽宁大学	辽宁沈阳
5	1982	上海大学	上海
6	1983	苏州大学	江苏苏州
7	1983	安徽大学	安徽合肥
8	1983	河北大学	河北保定
9	1984	武汉大学	湖北武汉
10	1984	云南大学	云南昆明
11	1984	黑龙江大学	黑龙江哈尔滨
12	1985	西北大学	陕西西安
13	1985	郑州航空工业管理学院	河南郑州
14	1986	中山大学	广东广州
15	1986	南京大学	江苏南京
16	1986	吉林大学	吉林长春
17	1986	福建师范大学	福建福州
18	1987	郑州大学	河南郑州

各高校档案学专业的建立,一方面使档案学术研究的固定岗位规模迅速扩大并普及到全国,另一方面亦使档案学专业成为各高校科学体制的重要组成部分,在全国范围内扩大了档案学的社会影响力,并最终促使我国档案学社会体制的形成。

第三,专门的档案科研机构和学术团体的纷纷成立。

1979 年 10 月,国家档案局所属的档案科学技术研究所开始恢复工作,不仅配备了一批专门的研究人员和仪器设备,而且在档案保护技术、计算机技术在档案领域的应用以及缩微技术等方面开展了卓有成效的研究工作。受此影响,黑龙江、四川、上海等省、市档案局也随后成立了专门的档案科研机构,开展档案学术研究工作。

表 3-3 统计了我国除台湾、香港特别行政区、澳门特别行政区之外的 31 个省、自治区、直辖市档案学会的成立时间。根据统计可以看出,除海南省档案学会、重庆市档案学会和西藏自治区档案学会外,其他 28 个省、自治区、直辖市的档案学会均于 1987 年底之前成立,尤其是在 1981—1983 年这 3 年时间内就成立了 26 个,占总数的 83.87%,这主要是受到了中国档案学会成立的影响。1981 年 11 月,全国性的档案学术性群众团体——中国档案学会在北京成立。在成立大会上不仅选出了第一届理事会,而且发布了中国档案学会的组织章程。1988 年,中国档案学会还创办了自己的会刊——《档案学研究》。中国档案学会和各省、自治区、直辖市的档案学会成立之后,市、县一级的档案学会或学会分会也相继成立,这些档案学会或学会分会遍及全国,一些中央专业系统也成立了相关的档案学术团体。

表 3-3　我国 31 个省、自治区、直辖市档案学会成立时间

序号	学会名称	成立时间
1	黑龙江省档案学会	1980 年 7 月
2	甘肃省档案学会	1981 年 4 月
3	安徽省档案学会	1981 年 5 月
4	江西省档案学会	1981 年 6 月
5	广东省档案学会	1981 年 7 月

（续表）

序号	学会名称	成立时间
6	河南省档案学会	1981 年 7 月
7	河北省档案学会	1981 年 8 月
8	辽宁省档案学会	1981 年 9 月
9	山东省档案学会	1981 年 9 月
10	内蒙古自治区档案学会	1981 年 9 月
11	江苏省档案学会	1981 年 9 月
12	浙江省档案学会	1981 年 10 月
13	北京市档案学会	1981 年 10 月
14	湖南省档案学会	1981 年 10 月
15	吉林省档案学会	1981 年 11 月
16	上海市档案学会	1981 年 11 月
17	湖北省档案学会	1981 年 12 月
18	天津市档案学会	1981 年 12 月
19	云南省档案学会	1982 年 2 月
20	陕西省档案学会	1982 年 3 月
21	贵州省档案学会	1982 年 4 月
22	四川省档案学会	1982 年 5 月
23	福建省档案学会	1982 年 7 月
24	新疆维吾尔自治区档案学会	1982 年 8 月
25	山西省档案学会	1983 年 3 月
26	宁夏回族自治区档案学会	1983 年 5 月
27	青海省档案学会	1983 年 9 月
28	广西壮族自治区档案学会	1985 年 7 月
29	海南省档案学会	1989 年 6 月
30	重庆市档案学会	1989 年 11 月
31	西藏自治区档案学会	1990 年 7 月

各地专门档案科研机构的成立,使我国档案学术研究的专职岗位扩展到了社会更多组织机构和更大地域范围,极大地促进了我国档案学社会化发展的进度。同时,专门的档案科研机构和学术团体的成立也有利于扩大我国档案学交流的范围,促进档案学研究的发展,扩展档案学的社会影响力。

3.2.3.2　与正式的学术交流系统相关的成果

第一,档案学专业期刊群的出现。

档案事业和档案教育的勃勃生机也促使我国档案学术研究的不断发展,档案学专业期刊也如雨后春笋般不断出现。据不完全统计,我国的各级各类档案期刊一度曾达到 108 种之多。[①] 后来,由于全国期刊体制改革等各种原因,部分期刊停止发行,部分转为内刊,其数量逐渐减少。截至目前,我国仍公开出版发行的档案学专业期刊尚有 26 种。表 3 - 4 是以现有的公开出版发行的档案学专业期刊为基准,经过删减、补充而制的 1978—1987年我国创办的主要档案学专业期刊一览表。其中,《档案学研究》虽然创刊于 1988 年,但其于 1987 年发布了创刊号,并刊发了一定数量的档案学术文章,故亦列入在内。需要说明的是,《历史档案》和《民国档案》虽由中国第一历史档案馆和第二历史档案馆等单位主办,但是从其设置的主要栏目来看,刊物的历史学倾向较为明显,主要是公布相关的历史档案,档案学术论文刊发的较少。在由北京大学图书馆于 2015 年 8 月发布的《中文核心期刊要目总览(2014 年版)》中,将这两种刊物列入到了历史类而不是档案事业类中。因此本书没有将《历史档案》和《民国档案》统计在表 3 - 4 中。

表 3 - 4　1978—1987 年我国创办的主要档案学专业期刊

序号	期刊名称	创刊时间	主办单位
1	航空档案	1977 年	中国航空工业档案馆
2	档案学通讯	1978 年	中国人民大学
3	浙江档案	1978 年	浙江省档案局、浙江省档案学会

---

① 李财富.中国档案学史论[M].合肥:安徽大学出版社,2005:99.

（续表）

序号	期刊名称	创刊时间	主办单位
4	档案	1979 年	甘肃省档案局(馆)、甘肃省档案学会
5	黑龙江档案	1980 年	黑龙江省档案局
6	山东档案	1981 年	山东省档案局
7	档案时空	1981 年	湖南省档案局、湖南省档案学会
8	广东档案	1982 年	广东省档案局、广东省档案学会
9	档案天地	1982 年	河北省档案局
10	档案管理	1982 年	河南省档案局
11	山西档案	1984 年	山西省档案局
12	档案与建设	1984 年	江苏省档案局、江苏省档案学会
13	北京档案	1984 年	北京市档案学会
14	陕西档案	1984 年	陕西省档案局、陕西省档案学会
15	兰台内外	1984 年	吉林省档案局、吉林省档案学会
16	四川档案	1984 年	四川省档案局
17	上海档案	1985 年	上海市档案局
18	云南档案	1985 年	云南省档案局(馆)、云南省档案学会
19	机电兵船档案	1985 年	中国机电兵船工业档案学会、国家机械工业局档案馆
20	湖北档案	1985 年	湖北省档案局
21	宁夏档案	1986 年	宁夏回族自治区档案局
22	兰台世界	1986 年	辽宁省档案局
23	档案学研究	1988 年	中国档案学会

　　档案学专业期刊的大量出现使得我国档案领域逐渐形成了一个专业期刊群，为档案学共同体发布学术研究成果、开展学术交流提供了坚实的平台。同时，由于在档案学专业期刊上发表论文需要经过严格的专家评审，各家期刊亦不同程度地建立了自己的评审制度和流程，因此，档案学专业期刊

的大量出现也象征着我国档案学专业的同行评议制度在全国范围内建立和形成。

第二,中国档案出版社的成立。

中国档案出版社是隶属于国家档案局和中央档案馆的中央一级出版单位,于 1982 年 1 月成立,其主要服务于档案行业并兼营历史、文秘等专业的书籍,其下设档案专业编辑室处、档案史料编辑室等。截至 1992 年初,中国档案出版社已发展成为拥有近 50 名工作人员、年出书量达 60～80 种的中等规模的专业出版社。

自成立之日到 20 世纪 90 年代初期,中国档案出版社共出版图书 353 种,印制成书 13 779 950 册。其中,档案专业类的图书有 135 种,占总数的 38%,在各类图书中所占比例最大。所出档案专业类的图书包括档案法规性文件和工作经验汇编(选编)、档案学术论文汇编(选编)、档案图书资料、档案专业知识普及和档案专业教育读本、档案学和档案管理专著等,"在为繁荣和发展有中国特色的社会主义档案事业方面,在为档案学研究方面,在为社会积累科学文化财富方面都做出了贡献。"①

中国档案出版社的成立和发展,使我国的档案学共同体有了出版学术成果的专门基地,同时亦有利于档案学学术影响力在全社会的扩展。

第三,档案学术会议交流的广泛开展。

除通过学术论文和学术著作开展学术交流外,在这一时期我国档案界还通过召开各种档案学术会议进行学术交流。

前已述及的各级、各地的档案学会或学会分会的成立大会,其本身就不同程度地包含着档案学术交流的程序和内容,而其成立之后,不仅定期组织召开会员代表大会暨档案学术讨论会,也会不定期地举办专题学术会议,如由中国档案学会和吉林省档案学会于 1982 年 7 月 22 日至 26 日在吉林长春联合举办的"档案利用和文书立卷学术讨论会",由四川省档案学会于

---

① 邹步英,来长治,时元第.档案出版社十年来出版的档案专业书籍[J].档案学研究,1999(2):24-27.

1983 年 12 月 2 日至 7 日在四川自贡组织召开的"科技档案学术讨论会"等。此外,各级档案局除了召开档案工作会议,还举办了座谈会、经验交流会等学术交流会议。

此外,我国档案界亦非常重视与国际档案界的交流,不仅于 1980 年正式加入国家档案理事会成为其会员,还分别组织相关人员参加了 1980 年 9 月 15 日至 19 日在英国举行的第九届国际档案大会和 1984 年 9 月 17 日至 21 日在联邦德国波恩召开的第十届国际档案大会,扩大了我国档案事业和档案学的国际影响力。

通过以上分析可知,在这一时期我国档案学的社会化进程迅速推进,不仅建立了较大规模的、稳定的档案学术研究专职岗位,档案学专业、档案科研机构、档案学会或学会分会等的普遍建立完成了社会体制化的过程,而且还形成了档案学术期刊群、中国档案出版社等固定的专业出版和宣传阵地,通过各种学术会议等扩大了我国档案学在国内外的影响力。因此,这一时期我国的档案学共同体完成了从无到有的蜕变过程。

3.2.4 中国档案学共同体的成长阶段(1988 年至今)

1987 年 12 月 21 日,《普通高等学校社会科学本科专业目录》公布之后,档案学开始以独立的面貌出现于我国科学之林。近 30 年来,中国档案学取得了举世瞩目的学术研究成就。

第一,档案学硕士和博士研究生教育的发展。

据统计,截至 2015 年 9 月,全国共有 38 所高等院校开设不同层次的档案学专业课程,其中有 28 所已获得档案学硕士学位授予权,6 所获得档案学博士学位授予权。根据表 3-5 的数据显示,除中国人民大学获得档案学硕士招生资格的时间较早之外,其他 27 所高等院校均是在这一时期获得档案学硕士招生资格的。此外,截至 2015 年底,中国人民大学信息资源管理学院、武汉大学信息管理学院、南京大学信息管理学院、南京政治学院上海分院信息管理系、云南大学公共管理学院已培养档案学专业的博士毕业生

192 名。① 档案学硕士和博士教育,尤其是博士教育的发展为我国档案学共同体提供了源源不断的人才力量,目前档案学专业博士毕业生业已成为我国档案学术研究的中坚力量。

表 3 - 5　我国获得档案学硕士、博士招生资格的高等院校

序号	高校名称	获得档案学硕士招生资格的时间	获得档案学博士招生资格的时间
1	中国人民大学	1982 年	1993 年
2	中山大学	1993 年	—
3	苏州大学	1994 年	—
4	南京政治学院上海分院	1995 年	2006 年
5	武汉大学	1998 年	2000 年
6	南京大学	1998 年	2007 年
7	云南大学	1999 年	2006 年
8	辽宁大学	2000 年	—
9	广西民族大学	2000 年	—
10	吉林大学	2000 年	2013 年
11	四川大学	2001 年	—
12	浙江大学	2001 年	—
13	安徽大学	2002 年	—
14	上海大学	2003 年	—
15	南开大学	2003 年	—
16	山东大学	2004 年	—
17	黑龙江大学	2004 年	—
18	山西大学	2005 年	—
19	湖北大学	2006 年	—

---

① 吉林大学管理学院在笔者统计截止日期前尚无档案学专业博士研究生毕业。

（续表）

序号	高校名称	获得档案学硕士招生资格的时间	获得档案学博士招生资格的时间
20	南昌大学	2006 年	—
21	福建师范大学	2006 年	—
22	湘潭大学	2006 年	—
23	河北大学	2006 年	—
24	南京理工大学	2006 年	—
25	郑州大学	2007 年	—
26	上海交通大学	2007 年	—
27	西北大学	2010 年	—
28	郑州航空工业管理学院	2013 年	—

第二,高级别档案学项目的大量获批。

根据在国家社科基金项目数据库中的统计,1996—2015 年,档案学已获批立项的国家社科基金项目达 181 项。在自然科学基金查询系统中统计,2000—2015 年,已获批立项的国家自然科学基金项目有 7 项。此外,档案学在教育部人文社科研究项目、国家档案局科技项目、各省人文社科研究项目等级别较高的科研项目中均有大量项目获批立项。高级别档案学项目的大量获批,不仅在一定程度上反映出我国档案学术研究水平的提高,而且反映出我国档案学的奖励体制和同行评议制度成为国家科学体制的重要组成部分,为我国档案学共同体的继续发展提供了制度保障。

第三,我国档案学的社会影响力持续扩大。

近 30 年来,档案学共同体不仅刊发和出版了大量的学术论文、学术专著等学术研究成果,而且组织和参加了各种学术会议,包括很多多学科交叉的学术会议和国际性学术会议。其中,具有历史性意义的事件有:一是《中国档案报》的创办。1995 年 1 月 9 日,我国乃至全世界唯一一种档案行业性报纸——《中国档案报》正式创刊。《中国档案报》由国家档案局主管,是档案行业的舆论领袖和工作指导喉舌,更是我国档案界联系社会各界乃至国际社会的重要纽带之一,在扩大档案事业和档案学社会影响力的过程中发挥着至关重要的作用。二是主持举办了第十三届国际档案大会。经过各方努力,我国于1996年9月2日至7日在北京成功主持举办了第十三届国际档案大会,不仅翻开了我国档案史上新的一页,也载入了世界档案事业的史册。这次大会的成功召开,极大地扩展了我国档案事业和档案学的国际影响力。

虽然经过近30年的锤炼,我国档案学共同体已得到了长足发展,但是当前仍未达到成熟的程度,理由如下:第一,我国档案学博士研究生的招生规模较小,每年平均在15人左右,且在短时间内难有突破性增长。再者,自2005年5月颁布《公务员法》以来,事业单位参照公务员法管理成为我国体制和机构改革的重要组成部分而普遍实施,大部分事业单位的档案人员不再评聘职称,失去了从事学术研究活动的动力。综合以上因素考虑,档案学共同体的规模在今后较长一段时间内亦难有较大扩展。第二,虽然最近10年来,我国档案学在国家、省市等的高级别科研项目立项中屡有斩获,且每年获批立项的项目数量在不断增加,但是与其他学科相比,档案学仍然处于一种较为弱势的状态。仅以国家社科基金项目为例,从1991年国家社会科学基金项目中设置图书、情报、文献学类开始至2015年,其获批立项的科研项目共计有1 320项,而档案学不仅在1996年开始才有项目获批立项,而且其总数仅占图书、情报、文献学类项目总数的13.63%。因此,当前中国档案学共同体与其他学科的科学共同体相比较而言,仍然处在较低的层次。第三,由于语言差异等条件的限制,当前我国只有极少数档案学者可以用英文写作论文并在国外刊物上发表。根据谭必勇和袁晓川的统计,在2001—2010年的10年时间中,来自45个国家和地区的1 248位作者在 *Archival science*、*American archivist*、*Archivaria* 等9种国际顶尖的档案学术刊物上共计发表学术论文966篇。而中国大陆的档案学者只有4篇学术论文发表,占发文总数的4.14%,排名第19位。①

---

① 谭必勇,袁晓川. 档案学研究的国际进展(2001—2010)——基于九种国际档案学期刊论文的计量分析[J]. 档案学研究,2013(2): 80-84.

综合以上分析,当前中国档案学共同体无论从自身发展程度来看,还是相较于其他较为成熟、发达的学科、国家,仍处于相对弱小的"青少年"阶段。虽然中国档案学共同体的发展任重而道远,但年轻是资本,活力是优势,凭借广大档案学人的不懈努力,中国档案学共同体必定能够发展成熟甚至后来居上。

3.3　中国档案学共同体的分层结构

3.3.1　中国档案学共同体分层研究考察

纵观已有的研究成果,许多档案学者从不同的角度、按照不同的标准,对档案学共同体的层次结构展开了研究。不论其目标指向如何,分层的合理性如何,这些研究成果都为本书的研究提供了有益的借鉴和参考。

3.3.1.1　研究的主要内容

分层的标准不同,对档案学共同体分层结构的认识就不一样。按照分层标准,已有的研究成果可分述如下。

第一,按时间阶段分层。从已有的研究成果来看,这是采用较多的一种分层标准。1989年,王晓飞撰文论述了中国的四代档案学者,其意是将中国的档案学者分为四代,即第一代——先驱者、第二代——奠基人、第三代——跨时代、第四代——曙光的一代。[1] 1993年,黄坤坊分别撰文对古典档案管理学派的代表人物希拉里·詹金逊(Hilary Jenkinson)、现代档案管理学派的代表人物谢伦伯格(Schellenberg)进行了评介,作者实质上是将档案学共同体分成了古典档案管理学派和现代档案管理学派。2002年,胡鸿杰将中国档案学人分为中国档案学的"启蒙者""开拓者"和"继承者"三种类型。[2] 2013年,张盼在发表于《北京档案》的文章中提出中国档案学术共同

---

①　王晓飞.中国的四代档案学者[J].档案,1989(4):32-35.

②　胡鸿杰.化腐朽为神奇——中国档案学评析[M].上海:上海世界图书出版公司,2010:67-76.

体的沿革经历了行政档案学共同体和历史档案学共同体、实用经验档案学共同体、"小档案学"共同体和"大档案学"共同体等时期;① 在发表于《档案学通讯》的文章中将中国档案学术共同体的历史沿革进一步提前,加入了史料编纂共同体;② 在发表于《档案管理》的文章中又提出了另一种表述,即第一代档案学术共同体、第二代档案学术共同体、第三代档案学术共同体和新时期档案学术共同体。③ 2014 年,张盼又对外国档案学术共同体的沿革进行了考察,认为其经历了近代档案学术共同体、现代古典档案学术共同体、现代档案学术共同体和后现代档案学术共同体四个历史时期。④

第二,按职业背景分层。1998 年,黄存勋撰文指出,中国档案学的学派可分为机关档案学派和档案馆学派两类;⑤ 2013 年,张盼则撰文指出,档案学术共同体可分为实践群体、高校群体、业外群体三类。⑥

第三,按组织形式分层。2010 年,陈祖芬认为,档案学共同体的组织形式可包括学派式组织、师徒式组织和同事式组织、无形组织以及其他特殊组织;⑦ 2015 年,于博专文对我国的档案学师生学术共同体进行了研究,并认为其是中国档案学研究中一支不可小觑的力量。⑧

第四,按研究领域分层。丁华东将档案学的学科范式分为五种类型,并对相应范型共同体的组成和代表人物进行了分析;⑨ 孙大东则认为,依据范式理论,同时考虑到整体规模因素,只需按照具体的专业或研究领域在中

① 张盼.试论档案学学术共同体的沿革及意义[J].北京档案,2013(8):10 - 13.
② 张盼.试论我国档案学术共同体的沿革[J].档案学通讯,2013(5):19 - 22.
③ 张盼.试论我国档案学术共同体形成与发展[J].档案管理,2013(6):10 - 12.
④ 张盼.浅析外国档案学术共同体的沿革[J].档案,2014(4):55 - 57.
⑤ 黄存勋.档案馆学派对创建中国近代档案学的贡献及其启示[J].四川档案,1998(6):6 - 10.
⑥ 张盼.论我国档案学术共同体的构建[J].档案,2013(4):17 - 20.
⑦ 陈祖芬.档案学范式的历史演进及未来发展[M].上海:上海世界图书出版公司,2010:125 - 128.
⑧ 于博.试论我国档案学师生学术共同体的发展与重构[J].档案,2015(4):17 - 20.
⑨ 丁华东.档案学理论范式研究[M].上海:上海世界图书出版公司,2011:280.

国档案学术共同体中划分出次一级的团体即可。①

第五,按综合标准分层。2013 年,张盼撰文指出,档案学术共同体从宏观层面而言是由档案学人组成的学术共同体,由中观层面而言是依据档案学人的研究内容而组成的学术共同体,由微观层面而言是基于档案学某些特定主题或核心人物组成的"无形学院"。② 2014 年,邢变变、孙大东亦认为,档案学共同体可从宏观、中观和微观三个层次进行考察:宏观层次上的档案学共同体指由所有的档案学人组成的学术共同体,中观层次上的档案学共同体指依据档案学学科体系分类的学术共同体,微观层次上的档案学共同体指由于某个项目(课题)的研究或学术研讨会等需要而成立的"无形学院"。③

3.3.1.2　研究的遗留问题

上述不同的分层方式从不同的侧面反映了档案学人和档案学共同体某一方面的特征和性质,某些分层方式对揭示档案学共同体的运行机制,乃至档案学发展规律进行了一定程度的探索。但是,由于学者们认识的局限、分层方式本身的缺陷,甚至是某些学者的认识存在偏差等原因,导致已有的分层方式和分层结果仍然存在很大的改进空间。

按时间阶段分层既可以从历史视域全面展示档案学共同体的面貌,又可从具体层面揭示某一时期档案学共同体的性征,以此为窗口可较好地展现档案学发展和成长的历史沿革。但是这种分层方式也存在一些缺陷:第一,分层标准主观性较强,导致分层结果表现各异且缺乏严谨。从分层标准考察,张盼的分层标准较为明确且具代表性,仅以此为例。张盼涉及分层的文章共有四篇,并在其中两篇文章中明确指出了其表述一致的分层标准,即"根据学术共同体的概念以及我国各个时期档案学发展的时代特色、特征、

① 孙大东.基于范式论批判的中国档案学发展研究[D].北京:中国人民大学,2015:112.

② 张盼.试论我国档案学术共同体的学术传统[J].上海档案,2013(11):18-19.

③ 邢变变,孙大东.对中国档案学共同体的思考[J].档案学通讯,2014(4):27-31.

思维取向等方面"①。具体而言,张盼的分层标准包含两个层次的指标:一是学术共同体的概念,关于学术共同体的认识本就存在仁者见仁、智者见智的状况,由此而产生的对档案学共同体的认识仅能代表张盼个人的观点,尚未得到学界的广泛认同;二是档案学和档案学术共同体的时代特色、特征、思维取向等,这一层次的指标较为宏观,同时也更加难以把握,不同的人产生不同认识的可能性更大。从分层结果考察,仅上文梳理的分层结果就存在七种表述方式,其中张盼一人就提出了四种分层认识。从王晓飞、黄坤坊、胡鸿杰的分层结果来看,基本上是根据时代特色、思维取向、特征等标准分层的。此外,仔细考察这些分层结果不难发现,各层次之间的界限较为模糊,同一个人分属不同层次的现象不可避免,即便是同一个层次的档案学共同体,也很难准确地把握其规模、成员情况等基本要素。第二,这种分层方式关注的重点在过去而不是现在和未来,而且就分层结果来看,基本上是对各个时期档案学共同体表象的概括和梳理,对档案学共同体本身的建设和档案学学科发展规律的探索影响甚微。

按职业背景分层有助于揭示不同类型档案学共同体的研究活动的特征、价值趋向等,同时也有助于增强档案学人的身份认同感。相较于按时间阶段分层的方式而言,在这种分层标准之下产生的分层结果,有助于概要地把握不同类型共同体的规模。如张盼在描述高校群体时就列举了我国高校档案专业教育的一些数据;陈兆祦在 2000 年曾经对我国档案学研究队伍的规模做过一个大致估计,其计算方式基本上是按照职业背景群体分项累加的。可以用数据说话,是这种分层方式的一个特点,由于档案学人的职业背景较为清晰和明确,因此不同档案学共同体之间的界限显得较为明确。但是不可否认,这种分层方式也存在一些缺陷:第一,虽有数据但不精确。根据这种分层方式可大致估算出每种类型共同体的规模以及档案学共同体的整体规模,陈兆祦、张盼等学者也做过此方面的努力,单论其结果,尚未达到十分精确的程度。究其原因,还在于分类指标客观性较差,无法精确计量。

---

① 张盼.试论我国档案学术共同体的沿革[J].档案学通讯,2013(5):19-22.

以张盼为例,在其分层结果中,高校群体由于其规模相对较小,且高校档案专业教师的身份较易确认,再加上开设档案专业的高校数量可以精确,因此如果统计得力,此类共同体的规模较易精确计量,如根据教育部高等学校档案学专业教学指导委员会的调查,2013 年我国高校档案学专业教师共有296 人。但是其他两类——实践群体和业外群体的规模则不易精确计量。第二,此种分层方式人为硬性地将档案学共同休割裂开来,尤其是对学院派和实践派的简单粗暴的分割,在档案学者们有意无意的身份归属情愫的推波助澜之下,可能造成档案学共同体的深层隔阂,甚至会进一步加剧档案学理论与实践之间的矛盾和对立。第三,从理论上讲,在此种分层方式之下,通过具体分析每一种共同体的研究内容、价值取向、思维特点等,可为研究不同共同体的运行机制乃至相应共同体在档案学术发展中的功能作用等提供帮助。但是这种分层方式由于缺乏系统、深入的理论支持,理论张力较弱,对探索学科发展规律的影响有限。从已有的研究成果来看,浅尝辄止者多,深入探究者寡,盖由于其理论张力不强、研究空间狭窄的缘故所致。

按组织形式分层的方式可以从社会体制的视角切入,形成对档案学共同体的规律性认识。但是这种分层方式的缺陷也较为明显:第一,分层标准客观性不强,不宜精确计量。第二,其中的某些层次之间可能存在交叉,如师徒式组织和同事式组织。第三,某些层次概念模糊、稳定性较差。如在陈祖芬的分层结果中,无形组织是其中重要的组成部分,但是其对无形组织却无严格、清晰的界定,基于志趣和信任形成的档案学无形组织稳定性较差,即便连作者本人也承认其无明显的组织特征①,对其展开深入、系统的研究较为困难。互联网上的档案业务和学术交流组织就更是一种松散的组织形式了。第四,这种分层方式的理论张力亦较弱,对探索学科发展规律效用甚微。值得注意的是,陈祖芬是利用范式理论展开的跨学科研究,其对档案学共同体的分层方式却与库恩的本意大相径庭,颇有自定义之嫌,这也导

---

① 陈祖芬.档案学范式的历史演进及未来发展[M].上海:上海世界图书出版公司,2010:127.

致其分层方式失去了本应具有的理论张力,殊为可惜。

按研究领域分层是根据库恩的科学共同体理念引申出来的一种分层方式,由于范式理论本身就是一种体系完备、理念革新且广为认同的科学观,因此这种分层方式的理论张力较强。在库恩的科学观中,正是由于范式和科学共同体的相互作用使科学在常规科学和科学革命的无限循环中不断发展。因此,此种分层方式对探索档案学的学科发展规律具有很大的作用。丁华东根据范式理论将档案学理论分为不同的范型,每一种范型都有相应的科学共同体,可以说从理论形态上讲与库恩的理念是一致的。但是从结果来看,其主要是对档案学范式演进历史的梳理和概括,虽然一定程度上也对档案学未来发展方向做了有益的探索,但这种模式的研究很大程度上是对档案学发展现象的研究,抽象出的范式演进进路虽可以清晰地展现出档案学发展的脉络,但是却看不出其内在发展规律。在此标准下产生的分层方式更多地近似于按时间阶段分层的方式,对档案学共同体的描述性研究居多,而规律性探索较少,由此也一定程度地削弱了其理论张力。孙大东利用范式理论对档案学的发展规律展开了一定程度的探索,并旗帜鲜明地提出将科学共同体作为重要的切入点展开研究,较为充分地发挥了科学共同体理念的理论张力,包括分层理念。但较为遗憾的是,其对档案学共同体的具体分层语焉不详,没有指出清晰的分层结果。

按综合标准分层有助于从横向视角全面把握档案学共同体,但是这种分层方式也有其缺陷:第一,宏观层面上的分层标准不够清晰,如果对档案学共同体的准入条件等因素认识不清或界定不够严格的话,极易将档案学共同体单纯地等同于有能力从事档案学研究的人的集合,从而导致档案学共同体范围的不适当扩大。如丁华东在分析档案学科学共同体的概况时援引了陈兆祦的估算,认为其整体规模约在 5 000 人以上[①],这个结论是值得商榷的。第二,中观层面上的分层较为符合库恩的科学共同体理念,理论张力较大。但是,由于与心理学、经济学等其他较为成熟的社会科学学科相

---

① 丁华东.档案学理论范式研究[M].上海:上海世界图书出版公司,2011:280.

比,目前的档案学分支学科体系仍然不够健全,档案学者的具体研究方向仍然显得较为粗放甚至边界不清,因此中观层面上的分层方式仅就当前来看尚无法得出较为清晰和合理的分层结果。第三,微观层面上的分层问题较大:其一,对无形学院没有明确的界定,就目前的研究成果来看似乎采用的是望文生义的比喻用法,如此一来,"无形学院"一词就显得可有可无了。而在科学社会学、科学哲学中,无形学院是一个重要的概念,对其有专门、深入的研究,在本书后续的研究中,无形学院也将作为重要的概念参与其中,在此不做过多赘述。因此,这种分层方式的价值就得大打折扣。其二,无论是围绕档案学特定主题或核心人物、还是由于某个档案学项目(课题)的研究或学术研讨会等需要形成的无形学院,其稳定性都难免使人怀疑,更遑论对其的社会建制、运行机制、科学功能等展开深入、系统地研究了。

关于中国档案学共同体的研究纲领,一是对档案学人及其"主体特征"展开研究,从已有的研究成果,尤其是分层研究成果来看,除丁华东、孙大东以外的大部分学者的研究主要解决的就是这个问题;二是对档案学人的"主体特征"如何决定档案学的基本理念和模式展开研究。受霍金(Hawking)称道的复杂性科学"不仅引发了自然科学界的变革,而且也日益渗透到哲学、人文社会科学领域"①。其在思维方式方面的变革尤为引人瞩目。在研究内容方面,复杂性科学坚持以主体为关注焦点,在此前提下实现主体和客体的有效结合,进而形成主客体耦合系统,并最终推动复杂性科学的发展。这一理念与胡鸿杰的认识不谋而合,也在一定程度上证明了其所倡导的第二层面研究的重要性。

关于第一层面的研究,需要按照一定的线索对档案学人及档案学共同体的外部特征有全面、准确地把握,在较深的层面亦须揭示其在特定时期对档案学发展的影响等,其研究重点在过去。而第二层面的研究则不然,它需要在对档案学人及档案学共同体性征的准确把握的基础上,深入揭示其内部运行机制及其在推动档案学发展中的功能和作用机制,从而为探索学科

---

①　蒋士会,郭少东.复杂性科学的方法论探微[J].广西师范大学学报(哲学社会科学版),2009(3):33-37.

发展规律提供一条可视化的进路,其研究重点在现在和未来。就当前的情况而言,借鉴一种或几种相关的科学理论,将其与档案学的实际情况相结合,是展开第二层面研究的行之有效的途径,并可在充分发挥原科学理论的理论张力的基础上将研究推向深入。

库恩模式和默顿模式是当前关于科学共同体研究理论中的佼佼者,也是较为普遍应用和广为赞同的理论,两者均从不同角度为世人研究科学共同体及科学发展规律提供了有效的方法。丁华东和孙大东就应用库恩模式做了一定的研究工作,而应用默顿模式的研究当前在中国档案学中尚未展开。

相较于库恩模式,默顿模式研究范围更广、持续时间更长。在半个多世纪的时间中,默顿及其学生、大批追随者和支持者对科学共同体展开了卓有成效的研究,不仅形成了科学史上著名的默顿学派,而且开创并发展了科学社会学。因此,应用科学社会学的相关理论对其展开研究既符合研究目标的设定,也符合档案学发展的内在需求。

3.3.2 中国档案学共同体的社会分层

科学共同体的社会分层结构是客观存在的,且是科学共同体发展的必然结果。[①] 对中国档案学共同体分层结构的研究可充分借鉴科学社会学家已有的研究成果,但更为关键的是要根据中国档案学及档案学共同体的实际情况,并以研究目的为最终落脚点决定分层理论的选择。

3.3.2.1 无形学院及其科学张力

科学社会学家划分科学共同体社会分层结构的标准主要有如下几种。

第一,科学社会学的创始人默顿研究的主要内容虽是科学家行为的社会规范,但是其早在 1957 年就首先撰文对科学发现的优先权问题进行了探讨,随后经过深入、系统地研究证实了科学中马太效应的存在,并揭示了其作用机制和科学影响。因此,其实质上将地位、声望等作为科学共同体的分

---

① 普赖斯 D. 小科学,大科学[M]. 宋剑耕,戴振飞,译. 北京:世界科学社,1982.

层标准;第二,美国著名科学社会学家科尔兄弟在其名著《科学界的社会分层》中将声望、科学奖励、职位、科学荣誉等作为分层标准;第三,美国的朱克曼在其著作《科学界的精英》中则将学术声誉作为科学共同体的分层标准;第四,著名科学社会学家、科学计量学家普赖斯在《小科学,大科学》一书中将科学论文的数量和论文生产率等作为分层标准,并引入了社会学中无形学院的概念,将其中的由高产者组成的科学家团体称之为"无形学院";美国科学社会学家克兰不仅证实了无形学院的存在,还进一步发展了普赖斯的无形学院理论,并深入研究了无形学院在科学共同体中的作用机制。第五,部分科学社会学家亦根据科学家的本身属性如年龄结构、性别结构等标准对科学共同体展开了分层研究。

无形学院是科学社会学概念创新的成功范式之一,这一概念最早被应用于科学史研究中,泛指除科学论文、科学书籍等正式交流之外,广泛采用书信、电话等非正式交流方式的科学家组成的科学家团体。

在《小科学,大科学》一书中,普赖斯在第 3 节"无形学院和源源而来的科学通勤者"对无形学院展开了研究。总体而言,普赖斯的无形学院包含以下四个要点: 第一,无形学院是由科学精英组成的团体。普赖斯利用科学计量方法对科学家的论文发表情况进行了统计分析,按照论文发表数量的多少将科学共同体分为高产者和低产者两种,并在此基础上得出了科学家论文生产率的反平方比律。普赖斯还结合对科学杂志的统计分析后发现,这些高产者不仅在科学论文的产出方面有突出的贡献,而且被别人参考和引用的几率也比低产者高,即他们的科学影响力也较为突出。因此,普赖斯亦将他们称之为"科学精英"。第二,无形学院是相对于官方组织或承认的学术团体而言的、采用非正式的学术交流方式而必然出现的科学家团体。普赖斯指出:"对学术组织的规模也要有个限制,如果它接纳的成员太多,那其中真正有学问的人就不得不'脱凡而出',从该团体中再成立一个非官方的子团体。"[1] 这个团体的成员之间通过非官方的学术会议、寄送未脱稿

---

① 普赖斯 D. 小科学,大科学[M].宋剑耕,戴振飞,译.北京:世界科学社,1982:73.

的文章、短期合作等途径保持密切联系。普赖斯甚至认为："假如一些学术团体是由官方合法承认而建立起来,并在数百人的小圈子内流通一种像报纸一样的印刷品的话,那很有可能害了这些人,使他们成为嫉妒的对象或在行政高压和繁文缛节中过日子。"① 因此,在普赖斯看来,无形学院是科学发展中的必然现象,当科学由小科学发展成为大科学,随着科学家数量的激增和学术组织规模的膨胀,学术组织必然会发生分裂,而且由于这种分裂活动是由科学精英参与的,因此是一种"结晶"现象,无形学院就是"结晶"现象的物化。第三,无形学院是科学信息正式交流网络上流动的纽结。普赖斯认为,一个大型的学术团体可以分裂出无形学院,众多无形学院的存在犹如在科学交流的线路上设置了一个个车站,由于无形学院的交流方式更为灵活、高效,因此其在科学交流中发挥的作用也越来越大,而且在这些车站中,人员流动性特别强,因此这些纽结是流动的。与科学论文、科学书籍、定期的科学会议等正式的学术交流相比,无形学院采用的非正式交流方式更为直接、更为灵活,近乎于科学家面对面的交流,这就有效解决了科学交流中的危机。第四,科学精英之外的一般科学家通过科学合作和师生关系等方式可以把自己与优秀科学家的科学活动直接联系在一起。因此,无形学院是一种开放的组织形式。

普赖斯在科学社会学中开创了无形学院研究的新领域,之后,许多科学社会学家对其展开了研究。其中,美国科学社会学家克兰的研究较为深入和系统。克兰的研究主要集中于其专著——《无形学院》②中,其研究的主要内容和突出贡献包括以下三个方面:第一,克兰以普赖斯的无形学院理念为出发点,具体研究了少数科学精英和影响较大的科学杂志在科学发展中的作用,进而发现:在一个学科内,那些人数极少但高产的科学精英的论文具有较高的被引率,而其他大多数的论文则很少被引用。克兰在此将被

---

① 普赖斯 D. 小科学,大科学[M]. 宋剑耕,戴振飞,译. 北京:世界科学社,1982:74.
② CRANE D. Invisible colleges: diffusion of knowledge in scientific communities [M]. Chicago: University of Chicago Press, 1972.

引率作为重要因素纳入无形学院的研究,考察科学精英的科学影响力,不仅揭示了无形学院的存在,而且对普赖斯的思想和理念做了非常深入的阐发。根据其研究,在科学中,正是因为这些少数优秀科学家和优秀科学杂志即其所谓的核心科学家和核心杂志的存在保证了相关的知识内容可以得到更好地传播和被其他人接受,进而可引导该学科的研究工作朝着某些既定的方向前进。此外,克兰还十分重视师生关系在科学研究和交流中的作用,她尤其强调除在一定时期内形成和保持的正式关系之外教师对学生的无形影响。第二,克兰用充实的经验材料证实了科学共同体及其无形学院的开放性。她认为,现代科学知识的发展有两种趋势,一种是把某一学科的科学共同体及其无形学院引向一定程度的封闭性,另一种是学科之间的广泛的交叉和渗透。因此,现代科学知识本身就是一个开放系统,必然使其生产主体——科学共同体及其无形学院也成为开放的系统。第三,克兰认为,科学交流系统可分为两大部分:一是正式的科学交流系统,即正规的科学期刊、科学专著、科学会议、目录索引、文摘摘要等,其特点是变化较小、较为稳定。二是非正式的科学交流系统,即由无形学院所代表的复杂的、易变的科学研究和科学交流的前沿。她进一步指出,正是因为有无形学院的存在,其中的少数科学精英才可以始终站在科学的前沿创造出新的知识。而新知识产生之后,再通过正式的科学交流系统来评价、承认这些新知识,进而在产生它们的领域之外广泛传播。由此,克兰揭示了无形学院在科学共同体范围之内的作用机制及相关规律。此外,其他科学社会学家如默顿、朱克曼等均有一些相关的研究和表述,由于其专指性较弱故不再一一赘述。

从以上论述可以看出:

从研究的方法来讲,普赖斯和克兰等对无形学院的确认和研究均是以对科学家的论文数量和被引率的科学计量分析为基础而阐发的,还由此产生了一些相关的、较为公认的科学计量定律或公式,如普赖斯定律等,因此,具有较强的可操作性。此外,由于统计分析的对象主要是科学家们业已发表的论文,因此相较于其他如科学声望、科学荣誉等不易测量的标准,研究所得的结论客观性较强。

从理论的深度来讲,普赖斯和克兰的无形学院理论建立了一个科学共同体→无形学院→科学权威→导师的不断细化的链条,依此链条不仅可以揭示科学知识产生和传播的科学规律,还有助于对科学结构的深层次理解和研究。

从理念的包容性来看,普赖斯和克兰对无形学院的研究本身就是对默顿所开创的科学奖励制度和马太效应的继承和发展,而且克兰在研究过程中还将库恩的范式理论作为其理论出发点之一纳入其中。从这种程度上来说,他们的无形学院的理念是有较大包容性的。

从理论的科学功能来讲,普赖斯开创了科学社会学领域的一个新的研究领域,克兰则将其进一步引向深入。克兰的研究将科学知识的创造和交流作为最终落脚点,因此其对科学知识社会学的发展又提供了很大的借鉴和启发。

从理论的应用范围来讲,普赖斯和克兰的无形学院重在考查科学的认识活动(包括学科的发展和科学知识的增长与传播)和科学家社会关系两者之间的内在联系和作用机制,因此,"无形学院是反映在科学中有为学术交流的人们的互动关系的社会学概念"①,具有广阔的应用空间。

综合以上分析,普赖斯和克兰的无形学院理论具有较强的科学张力,可以作为中国档案学共同体社会分层研究的借鉴理论。

但是,"无形学院"理论只有结合中国档案学自己的实际情况和特点,才算是真正的拿来主义,才能为更好地探索中国档案学共同体的发展规律做出应有的贡献,才能为中国档案学的研究提供有益的借鉴和启示。其一,作为一门相对年轻的社会科学,中国档案学共同体的研究主题较为分散、多样,而且同一档案学者的研究主题又在不断地变化之中,因此如果按照具体的研究领域划分出众多无形学院几无可能。其二,中国档案学共同体中的学术精英总体数量较少。按照孙大东在其博士论文中对中国档案学学术共同体条件的限制,其学术共同体类似于本书所指的学术精英,而据其估计此类人员在 500 人左右②。况且,中国档案学目前尚未产生如自然科学那般科学地位突出且人

---

① 刘珺珺. 关于"无形学院"[J]. 自然辩证法通讯,1987(2): 33 - 41.
② 孙大东. 基于范式论批判的中国档案学发展研究[D]. 北京: 中国人民大学,2015: 111.

数较多的科学权威,具体研究领域的专家人数较少且分布极不平衡,如档案史、档案保护技术领域,优秀的档案学者以个位数计。如此一来,层次划分过多似无多大必要。其三,普赖斯和克兰的无形学院是基于对科学家已有成果的计量分析,未充分考虑科学家未来的动态发展因素。为克服由此而产生的缺陷,笔者将中国档案学无形学院修订为一个主要由档案学学术精英组成的开放性群体。其四,对于科学精英的衡量,普赖斯将其限定为相较于低产者的高产者,人数大致为科学家总人数的平方根,其后又提出了衡量核心作者的最低发文量公式。两者在普赖斯眼中均是无形学院的组成人员,但是根据两个公式计算的具体结果又有所不同。为了明确中国档案学无形学院的组成及结构,后文的分析中根据两个公式分别计算,并按其结果将作者划分为低产者、中产者和高产者,将其中的中产者和高产者归入无形学院。

3.3.2.2 作者分层及其计量分析

普赖斯和克兰关于无形学院的分析和论证是以科学家的科学论文为基本依据的。相较于学术著作而言,学术论义的生产周期较短,进入学术交流系统的速度较快。对于中国档案学共同体的个体成员而言,每一个个体成员都有可能发表数量不等的学术论文并被其他成员引用,因此其无论是在数量还是在质量(主要指标为被引率)方面都能体现出明显的差异因而可通过科学计量方法进行分析和比较。另外从目前的情况来看,中国档案学共同体中出版学术著作的个体成员数量较少,且相应的个体成员出版的学术著作数量亦少。因此以学术著作为对象计量比较中国档案学共同体的学术生产率不甚现实。因此,本书的计量分析以学术论文为主要对象。

据不完全统计,目前,我国仍面向国内外公开出版发行的档案学专业期刊有 26 种左右,其中,《档案学通讯》和《档案学研究》是我国排名前两位的档案学核心期刊。自其创刊以来,两家刊物均主要以刊发档案学学术论文为主。基于此考虑,以这两家刊物为例,以作者为中心展开计量分析。

第一,数据准备和计量工具。

《档案学通讯》和《档案学研究》均已许可在中国知网这一世界全文信息

量规模最大的数据库中发行、传播期刊全文,故此处数据均来源于 CNKI。两家刊物中,《档案学研究》创刊较晚,在 1988 年,但是其在 1987 年就发布了创刊号,并刊登了若干学术论文,故在 CNKI 中《档案学研究》的数据始自于 1987 年。为保证数据计量分析的同等对比度,两家期刊的统计时间范围均设定为 1987—2015 年。鉴于本书研究的关注范畴主要为学术论文,故数据统计中去除了卷首语、发言稿、通知、回忆录、人物访谈等非学术性文章。具体检索方式为:在中国知网中,以来源期刊为检索项,以"档案学通讯""档案学研究"为关键词进行精确检索,检索时间范围设定为从 1987—2015 年,检索时间为 2015 年 10 月 3 日。共计检索获得该时期内《档案学通讯》的学术论文 4 227 篇,《档案学研究》3 069 篇。

Cite Space2 是当前在学术研究中常用的一款文献计量分析软件,其不仅有自动排序功能,还可以对分析结果实现可视化显示,进而可以揭示学术研究的新的发展趋势和动态。在这里主要是应用其自动排序功能,统计出作者总数,然后根据普赖斯定律计算出高产作者数量,并根据排序结果用表格形式显示出来,从而为进一步分析准备条件。前文提到,普赖斯和克兰确证和研究无形学院主要是通过分析科学家的论文数量和论文被引率而展开的,故亦从这两个指标进行研究。

第二,论文产出及计量分析。

在《小科学,大科学》一书中,普赖斯通过对科学家论文生产率的计量分析,确证了高产科学家的存在,并指出其群体数量约等于全部作者总数的平方根[①],这即是著名的普赖斯平方根定律。这一定律用数学公式可表示为:

$$\sum_{m+1}^{1} n(x) = \sqrt{N}$$，其中,"$n(x)$ 为撰写 x 篇论文的作者数,$i = n_{max}$,为该学科规定时期内最高产作者的论文数,N 为全部作者总数。"[②]

分别以《档案学通讯》的 4 227 篇文章和《档案学研究》的 3 069 篇文章

---

① PRICE D de S. Little science, big Science[M]. New York: Columbia Press, 1963.
② 李小霞. 近年来国内洛特卡定律研究综述[J]. 科技情报开发与经济,2005(13): 27 - 28.

的基本信息为基数,通过 Cite Space2 的自动排序功能,统计得到《档案学通讯》的发文作者共计 855 人,《档案学研究》的发文作者有 950 人。根据上述公式计算,《档案学通讯》的高产作者 $n_1 = \sqrt{855} = 29.24$,《档案学研究》的高产作者 $n_2 = \sqrt{950} = 30.82$。为保证对比分析的同等度,均将两者的前 30 位作者定位为高产作者。结果显示如表 3-6。

表 3-6 《档案学通讯》《档案学研究》1987-2015 年高产作者

档案学通讯			档案学研究		
序号	姓名	论文数量(篇)	序号	姓名	论文数量(篇)
1	冯惠玲	31	1	陈永生	20
2	马仁杰	30	2	张照余	18
3	黄霄羽	27	3	李玉虎	17
4	何嘉荪	27	4	陈忠海	16
5	胡鸿杰	24	5	丁海斌	15
6	吴品才	24	6	倪丽娟	14
7	傅荣校	24	7	周耀林	14
8	丁华东	22	8	覃兆刿	14
9	张美芳	21	9	刘家真	14
10	蒋卫荣	20	10	李财富	13
11	李财富	20	11	肖文建	11
12	倪丽娟	20	12	王协舟	11
13	陈忠海	19	13	蒋冠	11
14	王协舟	19	14	薛四新	11
15	吴建华	18	15	王萍	10
16	宗培岭	18	16	张锐	10
17	安小米	18	17	王德俊	10
18	陈兆祦	17	18	张正强	10

（续表）

档案学通讯			档案学研究		
序号	姓名	论文数量(篇)	序号	姓名	论文数量(篇)
19	金波	17	19	彭远明	9
20	郭莉珠	17	20	李向罡	9
21	赵淑梅	17	21	李兆明	9
22	何庄	17	22	蒋卫荣	9
23	周毅	16	23	毕嘉瑞	9
24	黄世喆	15	24	陶琴	9
25	徐拥军	15	25	王恩汉	9
26	张斌	15	26	张美芳	9
27	张宁	15	27	冯子直	9
28	华林	15	28	刘新安	9
29	丁海斌	15	29	朱玉媛	9
30	赵彦昌	14	30	丁华东	9

由表 3-6 可知，《档案学通讯》最高产作者发表的学术论文 $n_{max1}=31$，《档案学研究》$n_{max2}=20$。根据公式计算，在 1987—2015 年间，《档案学通讯》的核心作者的最低发文量 $m_1=0.749×\sqrt{311}/2=4.17$，取整数为 5 篇；《档案学研究》的核心作者的最低发文量 $m_2=0.749×\sqrt{201}/2=3.35$，取整数为 4 篇。

表 3-7 《档案学通讯》《档案学研究》1987—2015 年作者分布

档案学通讯		档案学研究	
发文篇数	作者人数(人)	发文篇数	作者人数(人)
1	442	1	576
2	134	2	173
3	72	3	68

（续表）

档案学通讯		档案学研究	
发文篇数	作者人数（人）	发文篇数	作者人数（人）
4	38	4	36
5	35	5	30
6	17	6	20
7	15	7	12
8	15	8	8
9	9	9	12
10	13	10	4
11	7	11	4
12	11	13	1
13	12	14	1
14	6	15	1
15	6	16	1
16	1	17	1
17	5	18	1
18	2	20	1
19	3	无统计数据	
20	3		
21	1		
22	1		
24	3		
27	2		
30	1		
31	1		
总人数	855	总人数	950

由表 3-7 可以看出,以《档案学通讯》《档案学研究》的核心作者的最低发文量为节点,两段的人数分布均有明显的变化。仅以临近节点的统计数据为例,《档案学通讯》发表 4 篇和 6 篇、《档案学研究》发表 3 篇和 5 篇文章的作者人数,差距均在两倍以上,而且两级分化在不断扩大,尤其是发文篇数最高和最低的人数分布,两者的差距竟分别达到了 442 倍和 576 倍。同时,结合表 3-6 可知,30 位高产作者不仅全部达到了核心作者的最低发文篇数,而且以末位高产作者的发文篇数为节点,两边的人数分布又产生了明显变化。如果分别以这两个节点为界限,可以较为轻易地将两家刊物1987—2015 年的作者划分为三个阶层,可分别称之为低产者、中产者和高产者。这在一定程度上能够证明,普赖斯和克兰等人研究证实的科层体制在中国档案学中亦是存在的,同时也为中国档案学无形学院的现实存在提供了一个可靠的证据。

第三,论文被引及计量分析。

在文献计量分析中,论文发文量是衡量科学家在科学发展中重要性的评价指标,论文被引量是衡量其影响力的评价指标。两者综合考察即可全面反映出科学家对科学发展的重要性和影响力,同时,根据普赖斯和克兰等人的研究方法和研究成果,亦进而可确证无形学院的存在。

《档案学通讯》和《档案学研究》在我国档案学专业期刊中的级别最高,总体来看其对作者学术素养、专业水平等的要求也是最高的,且其一直以刊发档案学学术论文为主。在上文分析的基础上,借助 Cite Space2 的自动排序功能,从两家刊物作者的低产者、中产者中各抽取 30 位,与各自的 30 位高产作者就论文被引情况作一比较分析。低产者、中产者的抽取顺序均按 Cite Space2 自动排序结果从低到高排列。具体而言低产者均从发表 1 篇论文的作者中产生,抽取顺序从自动排序结果的最后一位开始,直到 30 位作者数满为止;为排除统计误差的影响、同时考虑到比较结果的效果,中产者的抽取跳过节点,即《档案学通讯》的中产者自发表 6 篇文章的作者开始,《档案学研究》自发表 5 篇的作者开始。

作者确定之后,在中国知网的中国引文数据库中,以作者为检索项进行精确检索,一级学科限定为"信息科技",二级学科限定为"档案及博物馆",同时借助于中国期刊全文数据库、百度、电话咨询以及掌握的相关统计数据排除因重名重姓而带来的统计误差,然后按照总被引数据对低产者、中产者和高产者分别降序排列,得到表3-8和表3-9。因为中国引文数据库以作者所刊发的所有档案学术论文、学术著作、专业教材等为统计对象,故其所得的引文统计数据能够反映该作者对中国档案学学术研究的整体影响。

表3-8 《档案学通讯》所得低产者、中产者、高产者作者被引数

低产者				中产者				高产者			
序号	作者姓名	总被引(次)	篇均被引(次)	序号	作者姓名	总被引(次)	篇均被引(次)	序号	作者姓名	总被引(次)	篇均被引(次)
1	宋刚	29	3.63	1	李扬新	234	8.07	1	冯惠玲	2 675	43.85
2	倪慧敏	24	4	2	刘新安	233	8.96	2	何嘉荪	1 015	12.08
3	刘招兰	18	4.5	3	苏君华	186	6.89	3	傅荣校	915	8.1
4	吴红娥	12	2.4	4	王德俊	163	3.7	4	黄霄羽	721	7.84
5	周红	12	1.33	5	杨安莲	160	6.4	5	丁华东	717	8.54
6	农建萍	9	3	6	孙淑扬	147	24.5	6	马仁杰	598	9.06
7	任伟	9	4.5	7	刘洪	139	4.63	7	安小米	589	11.33
8	刘晔	9	9	8	伍振华	134	8.93	8	周毅	556	12.93
9	于晓静	9	3	9	侯卫真	126	21	9	张宁	462	9.83
10	上官萍	7	3.5	10	任越	116	5.04	10	李财富	461	6.15
11	冯占江	7	2.33	11	黄新荣	113	5.95	11	宗培岭	455	8.43
12	刘志远	5	1.67	12	杨晓晴	105	9.55	12	陈兆祦	436	7.52
13	张永钦	3	1.5	13	李泽锋	104	6.5	13	倪丽娟	383	7.82
14	刘文彦	3	3	14	王景高	103	5.72	14	徐拥军	377	8.57
15	吕焕娥	1	1	15	李刚	100	5	15	吴品才	319	4.83
16	张保忠	1	1	16	罗茂斌	76	6.33	16	丁海斌	313	5.31
17	刘保国	1	1	17	张芳霖	68	13.6	17	陈忠海	310	5.96

（续表）

	低产者				中产者				高产者		
序号	作者姓名	总被引（次）	篇均被引（次）	序号	作者姓名	总被引（次）	篇均被引（次）	序号	作者姓名	总被引（次）	篇均被引（次）
18	张国仓	1	1	18	张江珊	68	3.58	18	张美芳	307	5.69
19	何业武	1	1	19	张锡田	67	6.09	19	张斌	301	8.36
20	张绍银	1	1	20	朱兰兰	65	5.91	20	吴建华	299	6.5
21	姜爱林	1	1	21	倪道善	59	4.54	21	胡鸿杰	292	12.17
22	刘景武	0	0	22	归吉官	47	2.47	22	华林	263	8.77
23	吴英琪	0	0	23	崔海燕	40	4.44	23	金波	244	7.18
24	喻宏贵	0	0	24	郑慧	39	2.6	24	赵淑梅	200	5.56
25	卞桂芬	0	0	25	刘耿生	31	3.44	25	王协舟	190	6.55
26	尹宏平	0	0	26	王铭	21	1.91	26	郭莉珠	157	7.48
27	刘遵瑜	0	0	27	张全海	18	4.5	27	赵彦昌	146	2.81
28	宋渝萍	0	0	28	姜海涛	17	3.4	28	黄世喆	134	3.44
29	叶继农	0	0	29	吴向波	16	2.67	29	蒋卫荣	77	4.81
30	乔利利	0	0	30	官晓东	15	2.5	30	何庄	44	3.67
总和		163	54.36	总和		2 810	198.82	总和		13 956	261.14
平均		5.43	1.81	平均		93.67	6.63	平均		465.2	8.71

表 3－9 《档案学研究》所得低产者、中产者、高产者作者被引数

	低产者				中产者				高产者		
序号	作者姓名	总被引（次）	篇均被引（次）	序号	作者姓名	总被引（次）	篇均被引（次）	序号	作者姓名	总被引（次）	篇均被引（次）
1	俞志华	74	5.69	1	何嘉荪	1 015	12.08	1	丁华东	717	8.54
2	张学文	50	10	2	刘越男	655	13.65	2	张照余	688	9.17
3	周庶江	27	4.5	3	马仁杰	598	9.06	3	王萍	599	7.68
4	上官萍	20	5	4	安小米	589	11.33	4	李财富	461	6.15

（续表）

	低产者				中产者				高产者		
序号	作者姓名	总被引（次）	篇均被引（次）	序号	作者姓名	总被引（次）	篇均被引（次）	序号	作者姓名	总被引（次）	篇均被引（次）
5	易碧蓉	19	6.33	5	刘东斌	367	6.44	5	刘家真	441	6.78
6	刘凤坤	12	1	6	周林兴	363	6.26	6	倪丽娟	383	7.82
7	刘文杰	12	3	7	吴建华	299	6.5	7	薛四新	367	9.66
8	张菊兰	12	6	8	姜之茂	236	5.49	8	陈永生	364	6.17
9	刘晓明	10	3.33	9	向立文	232	9.67	9	朱玉媛	358	8.14
10	商学兵	8	2.67	10	张敏	200	3.77	10	丁海斌	313	5.31
11	冷裕波	8	8	11	裴友泉	170	5.67	11	陈忠海	310	5.96
12	刘安	8	8	12	任汉中	159	7.57	12	张美芳	307	5.69
13	冯占江	7	2.33	13	王运彬	133	8.87	13	肖文建	294	9.19
14	孙晓燕	7	1.17	14	胡燕	127	4.1	14	蒋冠	273	10.11
15	刘守恒	7	3.5	15	李福君	106	5.3	15	张锐	262	5.46
16	张晶静	5	5	16	裴桐	89	7.42	16	刘新安	233	8.96
17	刘四海	3	3	17	黄丽华	77	4.53	17	覃兆刿	226	7.79
18	刘华萍	2	2	18	张文浩	72	4.5	18	周耀林	211	4.49
19	宋爱东	2	2	19	陶水龙	67	6.09	19	王协舟	190	6.55
20	吴成来	2	2	20	肖秋会	64	4.27	20	张正强	173	4.81
21	张远发	1	1	21	王兰成	64	3.37	21	王德俊	163	3.7
22	徐士昆	1	1	22	刘国华	43	2.69	22	冯子直	126	4.67
23	于鸿模	0	0	23	张关雄	42	2.47	23	陶琴	89	4.24
24	刘嘉佳	0	0	24	孙军	37	2.31	24	王恩汉	84	2.71
25	于海娟	0	0	25	张仲仁	33	11	25	蒋卫荣	77	4.81
26	岳明	0	0	26	周彬	32	2.13	26	彭远明	76	4.47
27	张启明	0	0	27	丁春梅	24	3	27	李玉虎	66	3.47
28	周茂青	0	0	28	杨冬荃	22	3.67	28	李兆明	65	1.97

（续表）

低产者				中产者				高产者			
序号	作者姓名	总被引(次)	篇均被引(次)	序号	作者姓名	总被引(次)	篇均被引(次)	序号	作者姓名	总被引(次)	篇均被引(次)
29	文瑞	0	0	29	徐玉清	18	2.57	29	李向罡	26	2
30	刘孝成	0	0	30	刘迎红	12	1.5	30	毕嘉瑞	10	1.67
总和		297	86.52	总和		5 945	177.28	总和		7 952	178.14
平均		9.9	2.88	平均		198.16	5.1	平均		265.06	5.94

　　根据表 3-8 显示，其一，低产者中有 9 位作者出现 0 被引，即表示其对我国的档案学术研究未产生任何影响；总被引在 10 次以下的作者达到了 25 人，占总人数的 83.33％。而中产者和高产者的总被引数均达到了 10 次以上，尤其是高产者，总被引排名最低的作者也达到了 44 次，远高于低产者之中排名第 1 位的作者。其二，从整体来看，低产者的人均总被引仅为 5.43 次，篇均总被引仅为 1.81 次，分别仅为中产者的 5.80％、28.60％，高产者的 1.17％、20.78％。综合以上两点即可看出，与中产者和高产者相比，低产者对档案学术产生的影响力非常小。其三，中产者和高产者之间亦有较为明显的差距。同等相比，高产者中排名第一位的作者其总被引数和篇均被引数分别是中产者中排名第一位作者的 11.43 倍、5.43 倍；高产者中排名第 30 位的作者其总被引数和篇均被引数分别是中产者中排名第 30 位作者的 2.93 倍、1.47 倍；从整体看，高产者的人均总被引数和篇均被引数分别是中产者的 4.97 倍、1.31 倍。其四，低产者、中产者和高产者之中，从总被引数看又呈现出较为明显的两级分化现象。仅以中产者为例，总被引数在 100 以上的作者为 15 位，总被引总数为 2 163 次，100 以下的作者亦有 15 位，总被引总数为 647 次，两者相差 3.34 倍。

　　表 3-9 的统计数据亦能基本验证以上分析结果，在此不再赘述。但是，表 3-9 的数据却反映出了一个较为异常的现象，那就是从总体看，中产者和高产者的差距不如表 3-8 的计量数据那么大，高产者的人均总被引数

仅为中产者的 1.34 倍,人均篇均被引数则相差无几。产生这种现象的具体原因将在随后的统计分析中予以解释。

对作者的发文数量和被引情况的计量分析显示,中国档案学共同体内部存在着如普赖斯和克兰等人研究的分层结构,尤其是低产者和中产者、高产者之间的差距非常明显。因此,本书认为,中国档案学的无形学院是存在的。

第四,作者类别及计量分析。

在表 3-8 和 3-9 统计的基础上,按照作者的职业将其分为档案学专业教师和档案工作者两类,并对其进行了统计,结果如表 3-10 所示。为便于论述,暂定依据《档案学通讯》所得的作者均在类别后标注"1",《档案学研究》的标注"2"。

表 3-10 《档案学通讯》《档案学研究》所得低产者、中产者、高产者作者分类及贡献率①

档案学通讯		低产者 1				中产者 1				高产者 1			
	作者类别	人数	所占比率/%	总被引贡献率/%	篇均被引贡献率/%	人数	所占比率/%	总被引贡献率/%	篇均被引贡献率/%	人数	所占比率/%	总被引贡献率/%	篇均被引贡献率/%
	档案学专业教师	0	0	0	0	22	73.33	82.81	81.95	30	100	100	100
	档案工作者	30	100	100	100	8	26.67	17.19	18.05	0	0	0	0

档案学研究		低产者 2				中产者 2				高产者 2			
	作者类别	人数	所占比率/%	总被引贡献率/%	篇均被引贡献率/%	人数	所占比率/%	总被引贡献率/%	篇均被引贡献率/%	人数	所占比率/%	总被引贡献率/%	篇均被引贡献率/%
	档案学专业教师	0	0	0	0	20	66.67	83.1	70.27	22	73.33	88.3	83
	档案工作者	30	100	100	100	10	33	16.9	29.73	8	26.67	11.7	17.19

表 3-10 显示,低产者 1 和低产者 2 均为档案工作者,高产者 1 均为档案学专业教师。中产者 1 中,档案学专业教师在总被引贡献率和篇均被引贡献率均达到了 80% 以上。同时,由于其人数构成比例与高产者 2 相同,故亦可做对比分析,不难发现两者在贡献率方面的表现极其相似。中产者 2 中,与高产者 2 相比,档案学专业教师的人数少了 2 位,但是其总被引贡献

---

① 贡献率的计算方法: 中产者中档案学专业教师的总被引贡献率=中产者档案学专业教师的总被引总数÷中产者的总被引总数×100%。

率仍然达到了 80％以上,平均每人的总被引贡献率为 4.16％。相应地,档案工作者的人数多了 2 位,但是总被引贡献率却只多了 5.2％,而平均每人的贡献率仅为 1.69％,档案学专业教师是档案工作者的 2.46 倍。人均篇均被引贡献率则是 1.18 倍。高产者 2 中,档案学专业教师的人均总被引贡献率为 4.01％,档案工作者的为 1.46％,档案学专业教师是档案工作者的 2.75 倍。人均篇均被引贡献率则是 1.75 倍。此外,由于篇均被引率的数值本身较小,故平均计算之后,差距不如总被引率显著。由于中产者 2 和高产者 2 的作者比例构成相差不大,故从对比效果来看不如中产者 1 和高产者 1 那么明显,这也解释了在上文中提到的异常现象产生的根源,同时也从一个侧面反映出了档案工作者的被引贡献率较低。

由于论文被引率是量度学术影响力的关键指标,因此,从以上分析可以看出,档案学专业教师的整体学术影响力和平均学术影响力都高于档案工作者,而且两者的差别较为明显。

同时,由于中产者和高产者均是依据作者的发文数量而取来的,因此从档案学专业教师和档案工作者所占的比率又可看出,档案学专业教师在论文产出方面亦较档案工作者突出。

依据普赖斯和克兰的研究方法与研究结论,并通过上文对作者发文量和被引率的统计分析可以看出,在中国档案学共同体中,低产者和中、高产者在学术研究的重要性和影响力方面存在明显的差距,即无形学院和非无形学院的区别是存在的。而在无形学院即中、高产者中,相较于档案工作者而言,档案学专业教师又有突出的重要性和影响力。

基于以上分析,本书认为:第一,中国档案学的"无形学院"是中国档案学共同体的核心组成部分,由中国档案学共同体中的中产者和高产者组成。中国档案学共同体可分为无形学院和非无形学院两个层次,非无形学院即低产者。第二,中国档案学"无形学院"的主体和核心组成部分是我国高等院校的档案学专业教师。在此之下不再划分层次。

4 中国档案学共同体的
运行机制

中国档案学共同体的运行是多种因素综合作用的结果。借鉴科学社会学对科学共同体的研究并结合中国档案学的实际情况,中国档案学共同体的运行机制是围绕学术承认这一核心展开的,并在运行过程中不可避免地会出现马太效应。在现实运行中,中国档案学共同体主要是在自主权利、集体权利和外部权利的相互作用、相互影响中不断发展的。

4.1 中国档案学共同体运行机制的核心
——学术承认

默顿认为:"科学王国的基本通货是承认。"[①] 承认(recognition,部分学者也翻译为认可)是科学世界的最高原则。科学家也是社会人,固然也需要通过工作获得工资报酬,但是这种报偿制度与科学体制中的报偿制度本质上是不一样的。首先,科学研究的根本目的在于推动科学知识的增长,由此,科学体制中的报偿和奖励制度是为了进一步促使科学家为推动科学知识的增长作出贡献而存在的。其次,工资报酬这种经济性报偿的多少主要取决于社会经济发展水平,具体而言是与科学家所在单位的薪资水平、岗位性质、实际工作等挂钩的,与科学家的科学贡献、科学共同体对其的认可度没有直接关系。在科学体制内部,对科学家科学工作和科学贡献最高的报

---

① MERTON R K. The sociology of science: an episodic memoir[M]. Carbondale: Southern Minois University Press,1977:48.

偿就是得到科学共同体的承认和公证评价。因此,科学承认更多地表现为一种荣誉性报偿。

对于中国档案学共同体而言,学术承认是个体成员在共同体内部乃至整个中国档案学学术体系中最有价值的资源,这种资源主要以无形的形态存在,但是却决定着个体成员在共同体以及学术体系中的权利、地位、等级等,并进而会影响到其档案学术资源的占有和利用——无论是有形资源还是无形资源,而中国档案学共同体的具体运行——学术交流、学术奖励等正是由此而展开的。可以毫不夸张地说,学术承认是中国档案学共同体运行规则的源头和动力机制的源泉。同时,科学承认也是被众多科学社会学家视作科学共同体内部运作的核心而开展广泛、持续研究的一个主题。相应地,学术承认是中国档案学共同体运行机制的核心。

关于什么是"承认"的问题,美国的加斯顿有独到的认识,他认为:"(科学)承认由两部分构成,前半部分是贡献,后半部分是在利用他的知识贡献过程中其他科学家对其表示的赏识。"① 对于中国档案学共同体而言,学术承认是以其学术贡献为前提和基础的,而学术贡献又主要通过其学术研究成果——论文和著作体现出来。其他中国档案学共同体成员对其学术贡献的认可和应用是学术承认的表现形式,而这种认可和应用须建立在公正评价的基础上。这两个方面不可分割,它们共同构成了学术承认的基本内涵。中国档案学共同体的学术承认是指其他中国档案学共同体成员对某一个体成员的学术贡献在公证评价基础上的认可和应用。

在学术承认中,学术贡献的主要承载物——论文和著作只有通过发表和出版才能进入中国档案学共同体的学术交流系统,也才有可能得到其他中国档案学共同体成员的公正评价,而其他中国档案学共同体成员的学术认可和学术应用又主要以学术奖励和学术引用体现出来。因此,学术承认

---

① GASTON J. The reward system in British and American science[M]. New York: A Wiley-inter-science Publication,1978: 10.

的基本实现途径有三种：发表和出版、获奖、被引用。

当前，中国档案学共同体学术论文发表的主要阵地就是各种档案学专业期刊。据统计，截止到 2015 年 12 月 31 日，我国共发行 48 种档案学专业期刊。其中，面向国内外公开发行的有 26 种，占总数的 54.17%；内部刊物22 种，占 45.83%。《档案学通讯》《档案学研究》等两家期刊入选了 CSSCI（2014—2015 年）来源期刊收录目录；《档案学通讯》《档案学研究》《中国档案》《档案管理》《北京档案》《浙江档案》《山西档案》《档案与建设》等 8 家期刊入选了 2014 版中文核心期刊目录。《档案学通讯》还于 2012 年入选国家社科基金学术期刊资助名单，也是我国唯一入选的档案学专业期刊。此外，一些档案学者的论文还发表在历史学、图书馆学、情报学等学科的专业期刊上。著作出版的重镇是中国档案出版社和世界图书出版上海有限公司。在2010 年停办之前，中国档案出版社一直是我国档案学著作、教材、资料汇编等的主要出版机构。停办之后，档案学著作出版的主要任务则由世界图书出版上海有限公司承担，迄今为止，其出版的档案学图书超过 50 种，其中大部分为学术著作。此外，人民出版社、部分高校出版社以及其他出版社也出版了一些档案学图书。

在中国档案学共同体的学术体系中，与学术承认相关的奖励主要有三种：一是荣誉性奖励，主要表现为获得学术团体的成员资格，如档案学基础理论学术委员会、档案文献编纂学术委员会等，这类奖励实质上是名誉性承认。二是职位性奖励，主要表现为在一些学术团体中担任一定职位，如各级档案学会理事会、档案学专业教学指导委员会等，这类奖励是一种实际的职位承认。三是成果奖励，主要是就各种获奖优秀成果颁发的荣誉、金钱或实物性奖励。

在科学社会学中，衡量科学家被承认程度的最重要也是最基本的指标就是其科研产出。科研产出包括数量和质量两个方面，产出数量即科学家发表和出版的研究成果数量的多少，产出质量主要体现在被引率的高低。其中，产出质量是主要衡量指标。对中国档案学共同体的学术承认来说，被引率中的他引率是衡量个体成员学术承认度高低的主要指标。

对于某一档案学者来说,其成果数量和他引率是可以量化统计的,因此,其为研究中国档案学共同体的学术承认提供了一种较为客观的途径,同时也使得"承认"这一模糊性术语变得可以度量。此外,中国档案学共同体个体成员所获得的奖励也是可以量化的,其也是度量学术承认度的重要指标。

4.2 中国档案学共同体的运行趋势——马太效应

4.2.1 马太效应的必然出现

根据默顿的研究,科学中普遍存在这样一种现象,即"那些已经有相当声望的科学家得到了与他们的科学贡献不成比例的更大荣誉和报偿,而那些不出名的科学家则得到与他们的科学贡献相比也是不适当的、较少的荣誉和报偿"[1]。这种现象被默顿称为"马太效应"。马太效应在科学中的存在也得到了朱克曼、哈格斯特龙等其他著名科学社会学家的证实。随着研究的深入,马太效应也超脱了默顿起初所赋予的不公正效应,而将其视为科学奖励系统中的一种优势积累现象进行考察。这种视角更符合马太效应的内涵,也使马太效应的研究范围进一步拓展。

在学术奖励制度中,学术承认是决定性因素。其一,学术承认是中国档案学共同体在学术体系中所追求的最高价值目标,因而也是学术奖励制度的源动力所在。其二,学术承认度的大小可通过中国档案学共同体个体成员的成果数量、被引用率、获得奖励的数量等指标量化呈现出来,因此其就为学术奖励制度提供了主要的评价指标。

对于个体成员而言,一旦其学术贡献获得了中国档案学共同体的承认,它就会在档案学术界慢慢形成一种累积效应。学术承认虽主要以中

---

① MERTON R K. The Sociology of Science: Theoretical and Empirical Investigations, Chicago: University of Chicago Press, 1973: 445.

国档案学共同体个体成员的学术贡献为对象和依据,但是承载于其后的是个体成员的学术水平、学术能力、学术素质、学术品质乃至其人格魅力、身份地位等。学术生产率——学术成果的数量和被引用率是衡量学术承认度的主要指标,一般情况下,学术生产率越高,个体成员所获得的学术承认度也就越高。但与此相应,学术生产率越高,其学术水平、学术能力、学术素质等就越容易得到其他共同体成员的高度承认,其在今后的学术生涯中也就更容易发表和出版学术成果、获得高被引率和学术奖励。此外,学术承认还呈现出明显的棘轮效应,即与经济学中个人消费习惯的不可逆性现象类似,个体成员在其学术生涯中,一旦做出了某些贡献并因此而获得了相应的承认,他就不太可能再跌回原来的水平和位置,学术承认度也只会随着其学术贡献的增多而提高。对于个体成员自身而言,其所具备的学术水平、学术能力、学术素质、学术品质以及人格魅力等因素是棘轮效应必然会出现的决定性因素,因为这些因素一旦形成就很难逆向发展。

在我国档案学领域,国家社会科学基金项目的获准立项是马太效应存在的典型反映。国家社会科学基金项目是当前我国档案学领域评价与奖励体制中级别最高的科研项目,其采取的是典型的同行评议制度。在申报阶段,国家社科基金项目本身对申请人的学术能力、学术水平等就有很高的要求,对其所在单位也有严格要求。其采取的是限额申报,即申报人首先要从单位脱颖而出才能获得申报资格。在评审阶段,所有的申报项目均要先通过同行专家的匿名通讯评审,通过初评的项目再经过学科评审组的共同评议才能最终获得立项。从评审材料看,申报人的前期研究成果占有相当重的分量。从已获得审批的 181 项档案学国家社科基金项目来看,项目负责人基本上是相关研究领域的佼佼者。因此,从某种程度上可以说,国家社科基金项目是在个体成员获得较高学术承认度的前提和基础上的评议。获得 2 项及以上的学者更可说是学术承认机制的宠儿。根据表 4 - 1 所示,我国获得国家社科基金项目 2 项及以上的档案学者共有 20 人,占项目负责人总数的 11.05%。其中,马仁杰已获得 3 项,其他 19 位学者各获得 2 项,获得项目数计有 41 项,占项目总数的 22.65％。从项目主题来看,冯惠玲、马仁杰、王健、邱晓威、赵彦龙、周毅、陈艳红、李财富、丁海斌、陈忠海、钱毅、周耀林、金波、赵彦昌、连志英、丁华东等 16 位学者的项目之间是一脉相承的,占总人数的 80％。从专业职务来看,20 位学者初次获得国家社科项目时均为副高级及以上职务,其中 9 人历次获得项目时均为正高级职务。学者们在学术生涯中的学术积累不仅是其进一步获得学术资源和学术奖励的基础,更是其进一步提高学术承认度的资本。不难发现,学者们在某一研究方向取得的成就越大,其在该方向更高水平的研究中进一步获取学术资源的几率就越大。

表 4-1　我国获得国家社科基金项目 2 项及以上的档案学者

序号	项目负责人	项目名称	项目批准号	项目类别	立项时间	专业职务
1	冯惠玲	电子文件管理研究	96BTQ004	一般项目	1996 年 7 月 1 日	正高级
		电子政务系统中文件管理风险分析与对策研究	03ATQ002	重点项目	2003 年 8 月 11 日	正高级
2	马仁杰	现代档案利用的障碍与对策研究	98BTQ006	一般项目	1998 年 5 月 1 日	副高级
		社会转型期档案信息化与档案信息伦理建设研究	05BTQ017	一般项目	2005 年 5 月 18 日	正高级
		当代中国档案利用理论与实践研究	15BTQ080	一般项目	2015 年 6 月 16 日	正高级
3	王健	办公自动化环境中的文件、档案一体化管理研究	99BTQ010	一般项目	1999 年 7 月 1 日	副高级
		我国电子文件管理优化模式实证研究	07BTQ031	一般项目	2007 年 6 月 4 日	正高级
4	傅荣校	档案价值鉴定理论应用研究	00CTQ002	青年项目	2000 年 7 月 1 日	副高级
		作为电子政务数据中心的数字档案馆建设模式研究	06BTQ033	一般项目	2006 年 7 月 1 日	正高级

（续表）

序号	项目负责人	项目名称	项目批准号	项目类别	立项时间	专业职务
5	覃兆刿	中国档案传统与档案事业现代化之间的关系	01BTQ015	一般项目	2001年7月1日	副高级
		价值目标与伦理重构,档案馆社会化服务的功能与效能研究	05BTQ016	一般项目	2005年5月18日	正高级
6	邱晓威	电子文件和电子档案的真实性、完整性保证及其法律地位的认定	01ATQ004	重点项目	2001年7月1日	正高级
		基于XML的电子文件和电子档案管理元数据标准	04BTQ019	一般项目	2004年5月9日	正高级
7	张斌	现代企业制度下的企业档案信息管理研究	03CTQ005	青年项目	2003年8月11日	副高级
		档案学专业创新人才培养模式研究	12ATQ003	重点项目	2012年5月14日	正高级
8	赵彦龙	西夏文书研究	03BTQ007	一般项目	2003年8月11日	副高级
		西夏档案及档案工作	12XTQ013	西部项目	2012年5月25日	正高级
9	周毅	我国政务信息公开过程中的现行文件开放、利用和安全研究	04BTQ018	一般项目	2004年5月9日	副高级
		信息权利全面保护背景下档案资源开放与开发问题研究	08BTQ041	一般项目	2008年6月4日	正高级
10	王兰成	面向学科数字信息群的知识集成方法与技术研究	05BTQ011	一般项目	2005年5月18日	正高级
		信息化条件下档案社会化媒体信息资源的整合路径与机制研究	15BTQ078	一般项目	2015年6月16日	正高级

（续表）

序号	项目负责人	项目名称	项目批准号	项目类别	立项时间	专业职务
11	陈艳红	消除数字鸿沟：和谐社会建设中的信息平等研究	06CTQ003	青年项目	2006年7月1日	副高级
		重大突发事件中的政府应急信息发布研究	13ATQ009	重点项目	2013年6月10日	正高级
12	李财富	档案服务社会化研究	06BTQ034	一般项目	2006年7月1日	正高级
		面向社会的档案服务体系建设与创新研究	13BTQ063	一般项目	2013年6月10日	正高级
13	丁海斌	现存中国古代科技档案遗产及其科技文化价值的调查研究	07BTQ032	一般项目	2007年6月4日	正高级
		中国文档名词发展演变史	14BTQ071	一般项目	2014年6月15日	正高级
14	陈忠海	档案法立法研究	07BTQ027	一般项目	2007年6月4日	正高级
		依法治档研究	13BTQ068	一般项目	2013年6月10日	正高级
15	钱毅	电子文件管理标准体系研究	08CTQ016	青年项目	2008年6月4日	副高级
		基于组织的电子文件管理成熟度模型研究	14BTQ074	一般项目	2014年6月15日	副高级
16	周耀林	我国可移动文化遗产保护体系研究	08BTQ042	一般项目	2008年6月4日	正高级
		非物质文化遗产档案资源建设"群体智慧模式"研究	13BTQ060	一般项目	2013年6月10日	正高级
17	金波	数字档案馆生态系统研究	08BTQ040	一般项目	2008年6月4日	正高级
		数字档案馆生态系统培育与管理研究	13ATQ007	重点项目	2013年6月10日	正高级
18	赵彦昌	中国古代档案管理制度研究	09FTQ002	后期资助项目	2009年1月1日	副高级

（续表）

序号	项目负责人	项目名称	项目批准号	项目类别	立项时间	专业职务
18	赵彦昌	现存中国古代历史档案编纂研究	15BTQ076	一般项目	2015年6月16日	正高级
19	连志英	公民获取政府电子文件信息权利保障机制研究	10CTQ021	青年项目	2010年6月17日	副高级
		数字档案资源社会化开发研究	15ATQ009	重点项目	2015年6月16日	正高级
20	丁华东	档案与社会记忆研究	10BTQ040	一般项目	2010年6月17日	正高级
		城乡档案记忆工程推进机制研究	14ATQ009	重点项目	2014年6月15日	正高级

当然，马太效应并不仅存在于中国档案学共同体内部，其对共同体成员所在单位尤其是高校档案学专业院系的发展也是至关重要的。由于马太效应的作用，那些档案学高水平人才辈出的单位更容易集中优秀人才，获得更多的学术资源。从国家社会科学基金项目对申报人单位的要求即可窥见一二。

由以上分析可以看出，马太效应是学术承认发展的必然结果，因此，其也是中国档案学共同体运行机制的必然趋势。

4.2.2 马太效应的作用结果

首先，马太效应的存在和运作会造成中国档案学共同体的结构分化。在有限的资源空间内，马太效应会使得学术贡献相对较大的学者不断占有更多的学术资源，而且其不断积淀的学术水平、学术素养、学术品格等资本又是不可逆的，正是这些不可逆的资本又在很大程度上决定了其学术成果的质量相对较高。因此这些学者在学术成果的发表和出版中会更容易获得机会，其学术成果也更容易获得他人的认可而被引用。从学术生产率的角度看，马太效应会使高产者更高产，而低产者在提高学术生产率方面则会更困难。马太效应越强、作用越深入,高产者和低产者的两级分化就越严重。因此,马太效应的作用会使中国档案学共同体形成明显的层次结构——高产者和低产者,其中高产者正是普赖斯所称的无形学院。根据普赖斯的理论,高产者的人数约为中国档案学共同体总人数的平方根。

其次,马太效应的持续作用会导致中国档案学共同体中权威结构的出现。由前文对我国获得国家社科基金项目2项及以上的档案学者进行的统计分析即可发现,某一研究方向成就较大的学者会更容易获得学术同行的认可,并可进一步由此获得更多的学术资源和机会。在马太效应的作用下,这些学者也最终会发展成为该研究方向乃至某一领域的专家甚至权威。当然,权威结构的出现主要发生在档案学无形学院内部,因为相较于低产者而言,无形学院中的成员掌握的学术资源、具备的学术水平和学术素养等更容易攀登顶峰。权威结构是中国档案学共同结构的进一步分化,但是这种分化所承载的内涵更为复杂,因为学术权威的存在更多地表现为知识的权威性。在中国档案学共同体的结构层次中,会有大大小小的学术权威存在,或在某一研究方向,抑或在某一细小的学术研究点中。无论是何种权威、身处何种领域,学术权威总是凭借自己的知识力量在影响着处于分层地位较低的成员。

最后,马太效应的存在和作用有助于形成其他的权威形式。作为社会体系的一部分,科学体制也必然会受到各种社会因素的制约和影响。其一,在高等教育体系中,学术研究固然是档案学专业教师的主要任务之一,但是教学也是其基本的工作职责之一,如此一来,中国档案学共同体的部分成员就会因为学者和教育家角色的交叉而形成档案界的导师权威。就当前的状况看,符合导师权威功能的一般为档案学的研究生导师。其二,作为社会体系的一部分,社会管理的做法和理念必然会渗透到中国档案学中来。如此,中国档案学共同体的部分成员就会以档案专家或权威的身份跻身于管理者的行列,由此身份的交叉就形成了管理权威。管理权威的形成会使相应的共同体成员掌握更大的权利,并进而有助于其获得更多的资源和机会。

马太效应产生作用的最初起点在于学术贡献,而在中国档案学的学术体系中,共同体成员之所以成为学术精英乃至学术权威并不在于其做出学术贡献之时,而在于其学术贡献得到承认之时,唯有此时,马太效应才能开始发挥作用。但是,无论是学术贡献也好还是学术承认也好都存在先天的不平等。由于中国档案学共同体成员之间先天因素如智力、心理等,以及后天因素如努力程度、学术积淀程度的不同等,其做出的学术贡献也是有差异的。其学术贡献被其他同行承认的时间、程度等都会因主客观条件的不同而有所差异。马太效应发端于这种不平等,但又更加加剧了这种不平等。

4.2.3　马太效应的作用效果

根据马太效应作用效果的不同,可将其作用划分为积极作用和消极作用。

马太效应的积极作用主要体现在以下三个方面。

第一,马太效应的存在可促使中国档案学共同体的个体成员尤其是无形学院的成员更加努力。对于马太效应的获益者来说,个体成员获得的成就和荣誉越高,中国档案学共同体其他成员乃至社会对其期望就越高,这是一种压力更是一种动力,可促使学者们更加努力地投入到学术研究中。笔者曾于 2013 年 1 月份参与了对我国当代 85 位档案学教授近 6 年的学术论文发表情况的统计分析工作,统计结果显示,在 2007—2012 年间,年均发文量在 2 篇以上的教授有 41 人,占总数的 48.24%,年均发文量在 4 篇以上的有 13 人,占 15.29%。排名前三的教授年均发文量分别为 6.8、6.5、6.3 篇。在其他人看来,能够被评为档案学教授似乎已经达到顶峰了,但是他们仍然笔耕不辍,那些数字足令很多青年档案学者汗颜。马太效应的这一作用对中国档案学无形学院的发展是至关重要的,其不仅是无形学院保持较高水准的基础,更是其水涨船高的保障。也才使得中国档案学无形学院能够始终成为学科发展的中坚力量,引领中国档案学不断向前发展;也才使得中国档案学无形学院不断强化自己的力量,支撑中国档案学不断向高处前进。

第二,马太效应的示范作用可促使中国档案学共同体中的低产者不断提升自己的水平和能力。马太效应的存在使得中国档案学共同体中的低产者处于十分不利的地位,他们如果想要取得一定成功和荣誉需要付出更大的努力。但是,对于年轻的档案学者来说,这个过程是其学术生涯必须要经历的过程,那些获得成功和荣誉的学者就是其学习和工作最好的榜样。榜样的力量是无穷的。年轻学者们只有通过自己的加倍努力,不断积累学术贡献、提高自己的学术水平和素养、修炼自己的学术品格,才能成为马太效应的受益者。而这一过程在无形之中加强了中国档案学共同体的整体力量。

第三,马太效应会导致权威结构和导师权威的形成,其中,导师权威的存在和作用对当代中国档案学共同体的发展具有深远的影响。当前,在中国档案学中,学术权威只是个别存在,并不是普遍现象,而导师权威是普遍存在的。因此,相较而言,导师权威的作用更加重要。导师权威的存在有助于传播已有的档案学知识,培养档案学术研究的接班人。其中,档案学博士生导师在培养接班人的过程中尤为重要,因为就目前来看,档案学的博士研究生是中国档案学共同体的中流砥柱。马太效应的这一作用可为中国档案学共同体的发展不断注入新鲜血液和活力。

马太效应的消极作用主要体现在以下三个方面。

第一,在有限的资源空间内,马太效应的优势积累作用会大大限制低产者的发展空间。以学术论文的发表为例。学术论文是档案学共同体个体成员学术成果主要的表现形式,而当前我国的档案学专业期刊数量有限,期刊的版面也是有限的。例如,《档案管理》杂志每一期通过三审且最终被录用的学术论文只有24篇左右,录用率不到3%。在档案学专业期刊的审稿过程中,论文的质量是主要考察因素。在如此低的录用率之下,低产者往往会因为自己的学术水平、学术素养有限写不出高质量的学术论文而被淘汰。

第二,默顿起初所说的马太效应主要指的是科学领域存在的一种不公平现象,即那些知名的科学家可能会获得大量与自己的工作成绩和业绩不相符的荣誉和报偿,尤其是在马太效应作用下出现了大量管理权威之后,这种不平等现象更加突出。在当前的中国档案学术界,这种现象虽不普遍和突出,但在一定范围内也是存在的。在档案学专业期刊的审稿过程中,关系稿、人情稿的现象屡有出现。马太效应的这种作用可能会对年轻的档案学者产生一种不良的刺激效应,给他们从事档案学术研究活动带来一些不良的暗示,甚至会损伤他们的积极性。

第三,权威结构或导师权威、管理权威等的存在可能会对学术创新产生消极的阻碍作用。其一,根据库恩的范式理论,在科学革命的过程中,处于旧范式主导之下的科学家会对新范式的确立采取抵触或者阻挤的行为,虽然大部分科学家会选择新范式,但是相较于年轻的科学家来说,大部分老科学家的范式转变往往需要经历一个艰难的选择过程,少部分固守于旧范式的老科学家会被科学共同体淘汰。中国档案学虽然尚未形成范式,更不可能发生科学革命,但是类似的现象却是可能存在的:某一研究方向或者研究点的学术权威,要接受和承认新的权威及其观点极有可能需要经历一个复杂的过程;在导师中间,因为与学生观点向左而压制学生观点的现象也是可能出现的。其二,作为既得利益的拥有者,在其利益受到威胁时,管理权威做出维护自己利益的行为是再正常不过的事情,在此过程中,难免会出现压制新观点、新人才的现象。

对于中国档案学共同体来说,马太效应的积极作用占主导地位,因为其在中国档案学共同体的发展过程中发挥着整体性的深远影响,而其消极作用的范围则是有限的。以学术权威为例。权威结构或导师权威、管理权威等权威形式的存在保证了档案学知识的传承和档案学接班人的培养,虽然其会压制 些新生力量或新观点,但是这种压制只是一时的,中国档案学共同体只需要付出一定的时间代价就会战胜压制。但是没有权威,档案学的思想结构就会混乱一片,面对混沌,年轻的档案学者在学术研究中就会因为没有指南而失去方向。

4.3 中国档案学共同体的现实运行——动力形式

从主体的角度看,在中国档案学共同体的现实运行中关涉到三种权利:一是作为个体的档案学者的自主权利,二是作为整体的中国档案学共同体的集体权利,三是影响中国档案学共同体现实运行的外部权利,主要是有关政府和机构的行政权利。中国档案学共同体的现实运行就是这三种权利不断博弈的过程。

4.3.1　自主权利

中国档案学共同体首先是由一个个学者个体组成的,而对于档案学者个体而言,虽然其要受到个体之外的各种条件和因素的制约和影响,但是其在学术活动中是独立自主的。作为个体的档案学者的自主权利是指档案学者在从事学术活动的过程中,在个人动机的推动下从事学术研究、根据自己的研究旨趣自我确定研究方向、根据自己的研究需要自我选择研究方法、发挥自己的能力自主完成学术研究、根据自己的实际情况自我选定出版机构和专业期刊等。总之,自主权利旨在强调档案学者在学术研究活动中拥有不受外部因素干预的自由和能力。

从事学术活动的个人动机是影响中国档案学共同体个体成员自主权利的首要和关键因素。对于档案学者而言,从事学术活动的个人动机是其学术生涯的内在决定因素,它不仅决定着档案学者从事学术活动的内在驱动力的大小,也左右着其获得学术成就的大小。作为一个主观能动的人,档案学者从事学术活动的个人动机多样且各异,但是其中对学术研究影响最大且最具有普遍性意义的是好奇心和好利心。

档案学者最鲜明的角色是作为一个科学人而存在,"而好奇心则是科学之母"[1],学术研究就是为了满足档案学者的好奇心和求知欲而展开的活动。同时,这也是学者自主权利的根源所在。"好奇心与生俱来,表现为认识和解释未知世界的一种渴望。"[2] 好奇心人人都有,但是档案学者的好奇

---

[1]　SARTON G. A history of science[M]. Oxford University Press,1953:16.

[2]　王协舟.基于学术评价视阈的中国档案学阐释与批判[D].北京:中国人民大学,2009:176.

心是以其学术识见、学术积淀和学术素养等为基础的对未知档案学术研究领域的一种渴望以及由此而引发的有目的、有条理地追求。基于好奇心而存在的自主权利更多地表现为一种精神和思想的自由。

档案学者最基本的角色是作为一个社会人而存在。作为社会人,生存和发展是其基本的要求。因此,档案学者不可避免地会具有功利心并将其带入学术活动,形成好利心动机。功利主义是科学史观的一个重要分支,其"强调的是科学的功利价值,并将功利看作是科学的根本目的和动力"①。可见,作为科学的一种驱动力,好利心动机不仅为科学家所承认和重视,而且其在科学发展中发挥着异乎寻常的作用。但是不可否认,功利心过重也有可能对学术研究产生消极的影响,其会使档案学者的学术研究活动偏离正轨,甚至促使其采取学术不端行为。

在自主权利的发挥过程中,档案学者在学术训练过程中对导师、教学教材和教学方法等的选择,以及在学术研究过程中对研究方向、研究方法、研究内容、参考资料的自主选择是其重要表现。但是就目前的状况而言自主权利的发挥程度要受到诸多因素的限制。以导师的选择为例。在硕士研究生阶段,由于招收档案学硕士的高校较多——已有 28 所,导师规模也相对较大,故学生的选择余地也较大。但是在博士研究生阶段,招收档案学博士的高校非常少——只有 6 所,博士生导师的数量亦少很多,因此学生的自主选择空间就非常小了。

4.3.2 集体权利

对于中国档案学共同体的个体成员而言,虽然其在档案学术研究活动有一定的自主权利,但是如果其研究成果得不到同行的认可,就不可能发表或出版,更遑论获得共同体的学术承认了。而如前所述,得不到学术承认,

---

① 孟建伟. 功利主义和理想主义的张力——关于科学的动力、目的和社会价值问题的思考[J]. 哲学研究,1998(7):16-22.

其就无法获得支撑其学术生涯进一步发展的资源。尤其是在学术研究的社会化和职业化更加强化的当今社会,同行的认可和承认甚至成为个体成员获得专业职务、学术荣誉、学术地位乃至谋生发展的主要资源。因此,中国档案学共同体的集体权利就主要表现为同行认可权利,而同行认可权利的根源来自于学术承认。

同行认可权利有两层含义:一是中国档案学共同体因其共同掌握的专业知识、专业方法、专业素质以及其具备的专业能力等所享有的档案学专业人的特权。专业人特权的存在一方面使得中国档案学共同体具有对外的独立性和排他性,另一方面其对内则拥有对个体成员是否具有入职、晋升、获得科研项目以及荣誉、奖励等资格的审查权利。二是统一的学术规范,这里的学术规范类似于英国卡尔·皮尔逊(Karl Pearson)眼中的科学规范——公证地分析事实、科学地分类、讲究证据等①。不难发现,同行认可权利的第二层含义旨在强调同行认可的公正性和客观性。

在理想状态下,同行认可权利应是中国档案学共同体集体共有的,在内部学术资源的分配中应充分体现出公正性和民主性。但是在现实中,这种理想状态是难以实现的。其一,同行认可权利的根源——学术承认既基于学术活动中的不公而产生又加剧了不公现象,而且通过由此产生的马太效应在中国档案学共同体内部制造出了分层结构和权威结构。其二,个体成员的好利心也可导致同行认可权利的扭曲。

中国档案学共同体集体权利的另外一个重要表现就是其对学术伦理的坚守。学术伦理包含三层含义:其一,学术创新是学术伦理的最高层次,也是中国档案学共同体学术成果的主要评价指标。其二,求真是学术伦理的核心。根据库恩的范式理论,中国档案学共同体的科学功能在于使其新发现的档案现象和新发明的档案学理论更好地表现或接近一定历史阶段社会环境下的档案现象及其本质和规律的真相,并最终推动档案学知识的增长。而求真的要求就在于其学术研究要与档案学和档案工作的实际情况相符

---

① 皮尔逊. 科学的规范[M]. 李醒民,译. 北京:华夏出版社,2003:14-18.

合。这与库恩的科学观本质上是一致的。其三,严谨是学术伦理的底线,也是中国档案学共同体最基本的学术道德义务。

中国档案学共同体的集体权利从整体看主要是以一种潜移默化的形式在起作用,其中对学术规范和学术伦理的坚守更是如此。因此从作用形式上来看,集体权利主要表现为对个体成员的内在约束。

4.3.3 外部权利

当科学逐渐化身为一种社会体制之后,外部权利的侵入就在所难免了。对于中国档案学共同体而言,与其紧密相关的外部权利主要来自相关政府部门、档案局馆的行政管理部门、高等院校的行政管理部门等,还有一些来自于支持和资助档案学术研究的其他社会组织、企事业单位等。外部权利主要体现为行政权利。

对于中国档案学共同体来说,外部权利的影响几乎无处不在。它对中国档案学共同体的发展及学术活动的开展产生了重大影响:其一,外部权利的介入"不仅意味着学术人的职业化,而且也把学术人的活动纳入到体制化的轨道"①。对于档案学人来说,正是因为高校、档案局等机构的存在,才为其提供了相应的职业岗位;也正是因为国家、单位等各层面的制度设计,其学术活动才成为社会体制的一部分。其二,外部资金的注入为档案学术活动的开展提供了必需的动力。当今,国家社科基金、教育部人文社科基金、各省市的社科基金、各级档案局的科研基金,以及相关企事业单位的资金投入和支持对中国档案学共同体的学术研究活动产生了巨大的推动作用。

外部权利在输送学术资源的同时,也在通过体制化的方式对中国档案学共同体及其成员构成外部的制度性约束,较为典型的如当前普遍存在的高校学术评价机制。相较而言,后者对中国档案学共同体的整体运行影响

---

① 阎光才.精神的放牧与规训:学术活动的制度化与学术人的生态[M].北京:教育科学出版社,2011:78.

犹大：其一，作为社会体系的一部分，中国档案学的发展要受到社会因素的制约，中国档案学共同体也是如此，国家政策、各种规章制度等会对其产生深刻的、全方位的影响。其二，外部权利多通过规则的制定者和规则实施的组织者得以发挥，虽然其实质性权利多让渡给单位，甚至是分配给一些由学术权威组成的档案学专业群体来具体实施，但是对中国档案学共同体的运转而言，外部权利还是其中的主导因素。

自主权利、集体权利、外部权利因其相对的独立性而拥有自身的张力，但是在现实运行中却又相互影响甚至互相冲突。因此，中国档案学共同体就是在这三种主要权利因素不断博弈中发展的矛盾体。

4.4 经验分析：基于对高校档案学专业教师的问卷调查

4.4.1 调查背景及基本情况

中国档案学共同体的运行机制虽可以从理论上加以解释，但是其现实运行情况却较为复杂，很难用精确的语言和简明的案例加以摹绘，主要原因有以下几方面：一是中国档案学共同体是由一个个复杂的个体成员构成的；二是中国档案学共同体从整体形态上讲不是一种具体的实体存在形式；三是推动中国档案学共同体内部运行的力量主要以一种潜移默化的形式在起作用。尽管如此，我们仍然可以从其个体成员的认知和体悟中了解中国档案学共同体的现实状况及运行情况。

高校档案学专业教师在多大程度上可以代表中国档案学共同体？诚然，档案学研究主体具有复合型特征，作为实践领域的档案管理者以及其他学科领域的学者，或因实践需要，或受兴趣驱使，都有可能对档案学问题进行一定的研究。例如用学院派和草根派、档案理论工作者和档案实践工作者分别指称以高校教师为代表的档案学术纯理论研究者和以档案实践部门工作者为代表的经验主义研究者，反映了当前档案学研究队伍的结构状况，也反映了档案学研究主体的复合型特征。按照《中华人民共和国职业分类大典(2007增补本)》的说明,以科学为业、以档案学为业应符合"是按照从业人员所从事工作性质的同一性进行职业的划分和归类,不考虑从业人员身份及所在工作单位性质"①。但是,从世界范围来看,高校教师都是各国学术职业从业人员的主体,我国的情况也是如此。中国科学技术信息研究所发布的历年中国科技论文统计结果显示,无论是科技期刊卜刊发的科学论文数还是国家授予的科学奖项数,按作者单位的机构类型分布数据累加,高等院校占绝对优势。此外,与科学共同体主题相关的已有的科学社会学经典著作大多也是从大学里选取调查对象。因此,鉴于学术职业的总体情况、档案学科的自身情况以及科学社会学的以往研究,本书以高校档案学专业教师代表中国档案学共同体。但是论文涉及的问题及思考也适用于高校档案学专业教师以外的其他"以档案学为业"的人。

以往和高校档案学专业教师相关的统计,多出现在档案学专业高等教育发展情况的调研中,主要由教育部高等学校档案学科教学指导委员会、中国档案学会档案学基础理论学术委员会主持或编写,统计项目主要涉及性别、年龄、学历、职称、专业、学缘等基本要素,虽然为了解高校档案学专业教师的情况提供了参考,但是未囊括与本书研究的其他内容,因此本书有再做一次调查的必要。

为了全面深入地了解中国档案学共同体的情况,笔者于2015年10月下旬全11月下旬对我国38所档案学高校进行了调查。本次调查采用自编的《中国档案学共同体问卷调查》,问卷内容主要涉及基本信息和运行机制两个部分,填写方式包括填空、单选、多选、五点量表,在运行机制部分内容的编制上参考了华东师范大学阎光才教授课题组关于学术共同体运行状况的调查研究,项目计分依次赋值为1~5分,分值越高,表示相关状况越好,反向题目已进行了反向编码。调查通过电子邮件共发放问卷254份,回收

---

① 劳动和社会保障部,国家质量监督检验检疫总局,国家统计局. 中华人民共和国职业分类大典(2007增补本)[M]. 北京:中国劳动社会保障出版社,2008.

问卷 123 份,回收率为 48.4%,有效问卷 120 份,有效率为 97.6%。本书对问卷数据采用 spss 软件进行汇总和统计,主要分析各项次数与百分比,并进行相关分析和差异检验等。

有效样本分布的基本特征如表 4-2 所示。

表 4-2　有效样本基本描述性特征

性别:男(49.2%) 女(50.8%)
年龄:35 岁以下(28.3%) 36~45 岁(35.8%) 46~55 岁(31.7%) 56 岁以上(4.2%)
职称:助教(2.5%) 讲师(24.2%) 副教授(43.3%) 教授(30%)
学历:本科(8.3%) 硕士(22.5%) 博士(69.2%)
导师:硕士生导师(62.7%) 博士生导师(12.7%) 其他(34.7%)
行政职务:是(25%) 否(75%)
学术职务:是(28.3%) 否(71.7%)
各级各类档案学会会员:是(56.7%)否(43.3%)
$N=120$

有效样本被调查者的籍贯分布情况如表 4-3 所示。

表 4-3　有效样本被调查者的籍贯分布

安徽	北京	福建	甘肃	广西	贵州	河北	河南	黑龙江	湖北	湖南	江苏	江西	辽宁	内蒙古	山东	山西	陕西	上海	四川	天津	云南	浙江	重庆
12	2	2	1	2	1	9	9	5	5	11	9	2	11	1	10	4	4	1	3	2	4	4	1

籍贯排名靠前的分别为安徽、湖南、辽宁、山东、河南、河北、江苏,人数分别为 12、11、11、10、9、9、9,共占 59.17%。

从以上统计数据可以看出,本次调查的有效样本分布较为合理,问卷回收率虽然较低,但是回收问卷的有效率较高。这些因素都为调查的信度和效度提供了保障。

4.4.2　调查数据梳理与分析

4.4.2.1　学术产出的主要影响因素分析

关于科学承认的影响因素,科尔兄弟、加斯顿等科学社会科学家均从不同的方面对其展开过研究。总体而言,科学家的年龄、性别、种族、所在单位的地位水平等因素都会对其所获得科学承认度的高低产生不同程度的影响。对于本书的研究而言,一一对其进行验证实无太大意义。

学术产出是学术承认的基础和核心要素,把握其影响因素对于探索中国档案学共同体的内部发展规律更有价值。中国档案学及共同体有其自身的特点和属性,与其他学科的共同体相比,其学术产出的影响因素自有其与众不同之处。影响学术产出的因素有很多,每一种因素所发挥的功能是不同的,本书只对其中影响较大的因素展开调查分析。

第一,制约影响因素。

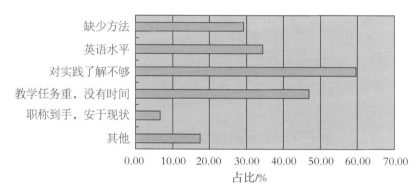

图 4 - 1　制约有效样本被调查者科研发展的主要因素

如图 4 - 1 所示,此问题的调查设置了 6 个子问题,为保证调查结果的全面性,特设置为多选题,其最后一个子问题为开放性问题。具体调查统计结果为:缺少方法占 29.4%,英语水平占 34.5%,对实践了解不够占 59.7%,教学任务重、没有时间占 47.1%,职称到手安于现状占 6.7%,其他占 17.6%。其中,在其他项的开放性回答中,被调查者的答案可大致归为两类:一是自身及学科因素,包括个人因素、基础学科、学科潜质、与其他学科交流融合不够、知识面狭窄、时间不足、身体精力与家庭环境、兴趣不足、兴之所至、不够刻苦。二是外部干扰因素,包括被杂事所扰、行政事务繁杂、缺少时间和精力投入、工作较忙、孩子太小教学和家务之余从事科研的时间不多、科研项目申请、缺乏有效的激励机制、现行学术量化评价机制、少有出境考察、团队不足。

由图 4-1 可以看出,第一位制约因素是对实践了解不够。根据调查统计,在 120 位有效样本的被调查者中,具有实践经验的仅占 29.2%,而没有实践经验的则达到了 70.8%。而在具有实践经验的 35 位被调查者中,实践经验为 20 年、14 年、10 年、9 年、7 年、4 年、4 个月、在档案馆实习数月、每年约 1 个月的各有 1 人,18 年、3 个月、1 个月的各有 2 人,2 年、2 个月的各 3 人,3 年、1 年的各 4 人,半年的 6 人。笔者曾经从陕西师范大学档案馆的两位具有丰富实践经验的档案工作者那里了解到,一个人在一个科室实实在在干 2 年左右才可以独掌该科室的全部工作,因为在 2 年时间里你可以经历相关的所有工作事宜。而该高校档案馆设置的与档案工作直接相关的科室包括保管利用室、业务指导室、网络技术室、人事档案室。仅以此推算,就至少需要 8 年时间才能对档案工作有整体性、深入性的了解。而在被调查者中,具有 7 年以上实践经验的仅有 7 人。这一情况在另一个关于实践了解程度的调查中也得到了印证。

表 4-4 有效样本被调查者对实践的了解程度

平均数	标准差	了解程度				
		非常不了解	比较不了解	一般	比较了解	非常了解
3.62	0.663	0%	2.5%	40.8%	49.2%	7.5%

根据表 4-4 可知,56.7% 的档案学专业教师表示对档案实践了解,其中表示非常了解的有 9 人。仅有 2.5% 的档案学专业教师表示不了解,平均得分为 3.62,介于"一般"与"比较了解"之间,说明档案学专业教师对档案实践的了解程度高于一般水平,但仍有 43.3% 的档案学专业教师对实践还未到达比较了解和非常了解的程度。

同时,通过独立样本 t 检验可以看出,没有档案实践经验的教师($M=3.47,SD=0.628$)显著低于有档案实践经验的教师($M=3.97,SD=0.618$)对档案实践的了解程度,$t(118)=3.988,p<0.001$。

档案学是一门实践性很强的学科。对于中国档案学共同体的个体成员而言,实践背景和实践感悟有助于其极大地提高自己的学术生产率。

图4-1显示,教学任务重、没有时间是第二位制约因素。对于高校档案学专业教师而言,教学和科研是其主要工作内容,相较而言,教学工作更为常规,其考核要求多属硬性规定。在有限的工作时间内,高校档案学专业教师的工作时间分布存在此消彼长的关系。而当前,大部分高校档案学专业教师呈紧缺状态,而档案学专业的招生规模又在不断扩大,其直接导致的结果就是现有的档案学专业教师教学任务繁重,进而间接减少了学术研究的时间,并最终影响到其学术产出。

排在第三、四位的制约因素分别为英语水平和缺少方法。其中,就目前的情况而言,英语水平主要限制的是中国档案学共同体个体成员对相关文献资料的获取和阅读,缺少方法主要会对其学术活动的实际操作和研究视角产生制约。这两个因素均属于学者自身的学术积淀欠缺,会对其学术成果的质量产生较大影响,但其也可通过学者的自主学习予以弥补甚至克服。根据图4-2,有效样本被调查者对科研方法与规范的了解主要有三个来源:其他学者、导师和网络,来源较为单一。在其他项的开放性回答中,被调查者的答案较为丰富,包括读书、论著、书、书籍、书刊、图书、文献、学术期刊、阅读与研究实践、科研方法专题学习、学术训练、学习与实践、自学、自学成才等表述,但是其所占比重较小,只有15%。

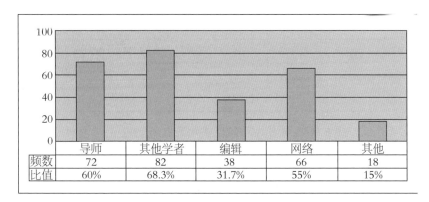

	导师	其他学者	编辑	网络	其他
频数	72	82	38	66	18
比值	60%	68.3%	31.7%	55%	15%

图4-2　有效样本被调查者对科研方法与规范的了解来源

第二,导师影响因素。

在中国档案学共同体个体成员的学术生涯中,导师对其往往会产生较大影响。由表 4-5 可知,86.7%的被调查者表示导师对自己专业知识的影响大,85.8%的被调查者表示导师对自己学术兴趣的影响大,84.2%的被调查者表示导师对自己科研能力的影响大,95.8%的被调查者表示导师对自己治学态度方面的影响大,90%的被调查者表示导师对自己道德修养的影响大,还有 79.2%的被调查者表示在其他方面受到导师较大的影响。导师在六个方面的影响程度总体得分均值为25.67,介于"比较大"与"非常大"之间,说明高校档案学专业教师在求学过程中受导师的影响程度还是很高的。总体来讲,导师对中国档案学共同体的学术产出产生了重大影响,无论是直接影响还是间接影响。同时,该项调查也在一定程度上证实了导师权威的存在及其在中国档案学共同体中的重要作用。

表 4-5 导师对有效样本被调查者的影响程度

题项	平均值	标准差	影响程度				
			非常小	比较小	一般	比较大	非常大
专业知识	4.19	0.725	0%	2.5%	10.8%	51.7%	35%
学术兴趣	4.18	0.785	0.8%	2.5%	10.8%	50%	35.8%
科研能力	4.23	0.793	0%	3.3%	12.5%	42.5%	41.7%
治学态度	4.63	0.623	0%	1.7%	2.5%	27.5%	68.3%
道德修养	4.53	0.721	0%	1.7%	8.3%	25%	65%
其他方面	3.92	0.729	1.7%	0.8%	18.3%	62.5%	16.7%

4.4.2.2 对中国档案学共同体现实运行情况的感受与分析

第一,工作倾向及研究热情。

在中国档案学共同体个体成员的自主权利中,个人动机通过内在的方式支配着个体成员从事学术活动的方向和强度,对学术研究的喜欢和热情是个人动机的主要反映,其程度大小会直接影响到个体成员从事学术活动的强度。

在调查中,设置了对工作倾向的调查项目,调查统计结果如下:喜欢同时从事教学和科研的占 76%,只喜欢教学的占 14%,只喜欢科研的占 7%,教学和科研都不喜欢的占 3%。简单计算可知,在有效样本被调查者中,喜欢科研的占 83%,不喜欢科研的占 17%。

同时,也对被调查者从事学术研究的热情进行了调查,统计结果如表 4-6 所示。由表 4-6 可知,63.3% 的被调查者表示从事学术研究的热情高,2.5% 的被调查者表示从事学术研究的热情低,平均得分为 3.73,介于"一般"与"比较高"之间,说明档案学专业教师进行学术研究的热情高于一般水平,但仍有 36.7% 的档案学专业教师还未达到"比较高"和"非常高"的程度。

表 4-6　有效样本被调查者从事学术研究的热情

平均数	标准差	研究热情				
		非常低	比较低	一般	比较高	非常高
3.73	0.707	0%	2.5%	34.2%	50.8%	12.5%

从横向来看,只喜欢科研比同时喜欢从事教学和科研对个体成员从事学术活动的强度可能产生的作用效果要大,从事学术研究的热情非常高比比较高的可能效果要大。而从统计结果来看,只喜欢科研和热情非常高的有效样本被调查者所占的比较都非常小。从纵向来看,同等程度下,从事学术研究的热情比喜欢学术研究对个体成员从事学术活动的强度可能产生的作用效果要大。从统计数据看,有效样本被调查者中从事学术研究热情比较高+非常高的所占的比重要低于喜欢科研的近 20%。

通过以上统计分析可以看出,中国档案学共同体个体成员的个人动机在推动其从事学术研究活动过程中总体以积极影响为主,但是在影响强度方面却无法让人乐观。

第二,对现实状况的感受。

调查内容大致分为对中国档案学共同体的总体感受、对中国档案学共同体的集体影响力与威信的感受和对政府和行政权利介入的感受三个层面。表格中题项前面的"＋"表示该题与相应的层面方向一致,则选项从非常不符合到非常符合依次记分为1～5分,分数越高,表示对该题的符合程度越高;题项前面的"－"表示该题与相应的层面方向相反,则从非常不符合到非常符合依次记分为5～1分,分数越低,表示对该题的符合程度越高。层面分数越高,即该层面的感受越好,反之则感受越差。

一是对中国档案学共同体的总体感受。在对科学共同体的总体感受这一层面上,由表4－7可知,66.7％的被调查者喜欢目前的学术工作,79.2％的被调查者为自己作为大学教师而感到光荣,60.9％的被调查者能通过目前的学术工作获得成就感,58.4％的被调查者认为周围的学术研究氛围良好,40.8％的被调查者认为目前学术环境有利于个人学术成长,37.5％的被调查者认为目前学术环境不利于刚开始学术生涯的年轻人,30％的被调查者认为再多的学术规范也难以遏制当前的学术不轨行为,16.6％的被调查者不指望做出什么有价值的研究。对科学共同体的总体感受层面平均得分为28.09,高于层面一般水平24,表明档案学专业教师对科学共同体的总体感受较好,但是在表中第6题、第7题的平均得分为2.84、2.98,低于题项一般水平3,表明档案学专业教师认为刚开始学术生涯的年轻人所面临的学术环境并不利,学术规范难以遏制学术不轨行为。

表4-7　有效样本被调查者对中国档案学共同体的总体感受

题　　项	不符合 (比较不符合＋ 非常不符合)占比/%	符合 (比较符合＋ 非常符合)占比/%	平均数
＋我喜欢我目前的学术工作	3.3	66.7	3.93
＋我为自己作为大学教师而感到光荣	0.8	79.2	4.18
＋我能通过目前的学术工作获得成就感	5.8	60.9	3.79
＋我周围的学术研究氛围良好	11.7	58.4	3.63

（续表）

题　　项	不符合 （比较不符合＋ 非常不符合）占比/%	符合 （比较符合＋ 非常符合）占比/%	平均数
＋ 总体上,我认为目前学术环境有利于个人学术成长	18.3	40.8	3.33
－ 我认为当前学术环境不利于刚开始学术生涯的年轻人	29.1	37.5	2.84
－ 我认为再多的学术规范也难以遏制当前的学术不轨行为	28.3	30	2.98
－ 当前环境下,不指望做出什么有价值的研究	50	16.6	3.42

　　二是对中国档案学共同体的集体影响力与威信的感受。在对中国档案学共同体内部运行状态的感受这一层面上,由表4－8可知,31.7%的被调查者认为档案学期刊缺之权威,14.2%的被调查者认为档案学术权威期刊内容平庸,38.4%的被调查者认为档案期刊审稿公正性强,3.3%的被调查者一般知道论文评审人,26.7%的被调查者认为档案学术奖励名不副实,2.5%的被调查者一般知道奖项评审人,32.5%的被调查者认为档案项目评审公正性强,15%的被调查者对获得国家项目不抱希望,14.2%的被调查者认为档案课题项目人并非最佳人员,13.3%的被调查者认为参加专业组织与否无所谓,35.9%的被调查者认为档案学术资源分配不公,33.3%的被调查者认为学者占有的学术资源与学术能力不成正比。对档案学共同体内部运行状态的感受层面平均得分为40.93,略微高于层面一般水平36,表明档案学专业教师认为档案学共同体内部的运行状态的感受略好,但是在表中第1题、第11题、第12题这三个题项上的平均得分依次为2.86、2.83、2.84,明显低于题项一般水平3,表明档案学专业教师对档案学期刊的权威性、档案学术资源分配的公正性以及学者占有的学术资源与学术能力的匹配性这三个方面的感受较差。

表 4-8 有效样本被调查者对中国档案学共同体的集体影响力与威信的感受

题 项	不符合 （比较不符合＋ 非常不符合）占比/%	符合 （比较符合＋ 非常符合）占比/%	平均数
－ 我认为档案学期刊缺乏权威	25.8	31.7	2.86
－ 我认为档案学术权威期刊内容平庸	49.2	14.2	3.41
＋ 我认为档案期刊审稿公正性强	14.2	38.4	3.29
－ 我一般知道论文评审人	92.5	3.3	4.44
－ 我认为档案学术奖励名不副实	35.9	26.7	3.07
－ 我一般知道奖项评审人	92.5	2.5	4.46
＋ 我认为档案项目评审公正性强	20.9	32.5	3.13
－ 我对获得国家项目不抱希望	59.2	15	3.68
－ 我认为档案课题项目人并非最佳	47.5	14.2	3.38
－ 我认为参加专业组织与否无所谓	57.5	13.3	3.56
－ 我认为档案学术资源分配不公	23.4	35.9	2.83
－ 学者占有的学术资源与学术能力不成正比	26.7	33.3	2.84

三是对政府和行政权利介入的感受。在对政府和行政权利介入的感受这一层面上,由表 4-9 可知,18.4％的被调查者认为政府资助的课题指南合理,50.9％的被调查者认为政策环境不利于基础研究,48.3％的被调查者认为工作投入与回报不成正比,50％的被调查者认为职称晋升中重量胜于重质,83.3％的被调查者认为职称晋升中科研胜于教学,66.6％的被调查者认为有些学术决策为行政权威所独揽,26.6％的被调查者认为教师与行政

人员之间的关系融洽,58.3%的被调查者认为行政权利有利于学术资源的获得,53.3%的被调查者认为行政侵扰过多,51.7%的被调查者不愿与行政打交道。对政府和行政权利介入的感受层面平均得分为24.83,明显低于层面一般水平30,而且表中10个题目的平均得分也都低于题项一般水平3,表明档案学专业教师对政府和行政权利介入的感受较差。

表4-9　有效样本被调查者对政府和行政权利介入的感受

题　项	不符合 (比较不符合＋ 非常不符合)占比/%	符合 (比较符合＋ 非常符合)占比/%	平均数
＋ 我认为政府资助的课题指南合理	33.4	18.4	2.83
－ 我认为政策环境不利于基础研究	26.6	50.9	2.6
－ 当前考核标准下,工作投入与回报不成正比	26.6	48.3	2.68
－ 职称晋升考核中,重量胜于重质	20.9	50	2.6
－ 职称晋升中,科研胜于教学	5	83.3	1.71
－ 有些学术决策为行政权威所独揽	12.5	66.6	2.16
＋ 教师与行政人员之间的关系融洽	27.5	26.6	2.99
－ 我认为行政权力有利于学术资源的获得	14.1	58.3	2.34
－ 我认为行政侵扰过多	17.5	53.3	2.43
－ 我不愿与行政打交道	19.1	51.7	2.48

在理想状态下,中国档案学共同体的运行在以个体成员合理发挥其自主权利的前提下,中国档案学共同体客观、公证地发挥其集体权利为自主权利的发挥创造良好的内部环境,同时外部权利通过适当地引导、资助等形式推动其运行。其中,自主权利是核心要素,集体权利是内部保障因素,外部

权利是外部影响因素。但是在现实运行中,这种理想的状态是很难实现的。

通过调查可以发现,第一,中国档案学共同体个体成员的自主权利及其与学术环境的互动发展基本呈积极态势:大部分个体成员能够以一种积极的态度和较强的动力从事学术活动,对自己学术工作的职业认同感也较强。同时,当前的学术环境对学术活动的作用也以积极影响为主,个体成员对其亦抱有较大期望。但是,在当前的学术环境下,青年学者的成长所受的束缚较大,学术不端行为对学术活动的损害较为严重。第二,个体成员对中国档案学共同体的整体状况和集体权利的公信力基本持肯定态度,但是其对档案学期刊的权威性、档案学术资源分配的公正性以及学者占有的学术资源与学术能力的匹配性这三个方面的认可程度较差,这三个方面固然跟马太效应的作用有很大关系,也能反映出马太效应消极影响的存在,但是不可否认,这种情况的存在说明个体成员对集体权利的公信力亦存在一些怀疑。第三,个体成员对政府和行政权利介入的感受较差,说明当前外部权利干预过多的问题较为突出,对自主权利和集体权利的正常发挥产生了一定的侵蚀。

总之,就调查结果来看,自主权利、集体权利、外部权利基本能达到一种良性态势,这也是中国档案学共同体继续发展的动力。但也存在一些问题,尤其是外部权利的过多介入。当然,中国档案学共同体的现实运行是多种因素综合影响的结果,存在的问题也需要各方协同努力才能得到有效解决。

5 中国档案学共同体的研究活动

中国档案学共同体的科学功能是通过其研究活动实现的。合作行为、投稿行为、评价行为是中国档案学共同体的基本研究行为,而研究内容则是其研究活动的物化体现,对研究内容的考察可在一定程度上揭示出其研究活动的规律和特点。当前,跨学科研究在中国档案学共同体的研究活动中占有重要地位。

5.1 中国档案学共同体的研究行为

5.1.1 合作行为

随着档案事业的社会化发展,中国档案学共同体的学术研究愈加交叉化和复杂化,其研究行为也越来越表现出较为明显的合作化和集体化趋势。当前,中国档案学共同体学术研究的合作行为越来越普遍,已成为其研究行为的一个重要组成部分。

5.1.1.1 研究思路

在科研项目的研究中,合作已成为一种常态甚至是硬性要求,即必须要组建一个课题组,在评审过程中,课题组的组建及结构等也会作为一个重要的指标。个人的知识储备和方法工具毕竟是有限的,时间和精力也是如此。对于一些涉及重大问题的科研项目,单靠某一个档案学者的力量是无法完成的。

从成果形式来看,档案学专业教材大部分是以项目的形式完成的,合作自不可免。论文集、丛书等由于体例和属性所限,只能以合作形式完成。相应地,个人文集只能是独著形式。学术著作情况相较复杂。以世界图书出版上海有限公司在2010—2014年出版发行的档案学专业书籍为例①,其出版发行的档案学学术著作有38种,而其中有28种是在作者博士学位论文的基础上修改而成的,占73.68%;其余的10种学术著作里,只有1种为合著完成,其他9种均为独著。博士学位论文有其独创性要求,只能是独著形式。仅以剩余的10种论,合作率也仅占10%。这种情况表明,在档案学学术著作中,中国档案学共同体的合作行为是比较少的。档案学期刊论文在档案学术交流中占据着至关重要的地位,与专业教材、学术著作、学位论文等成果形式相比,由于其具有发表周期短、数量巨大、篇幅精炼等特征,在中国档案学共同体的学术研究活动和学术交流活动中占据着主导地位。从已有的成果来看,中国档案学共同体在期刊论文的写作过程中也存在大量的合作行为,署名作者在两个及以上的档案学期刊论文大量出现。

基于以上考虑,本部分的研究将以档案学期刊论文为样本进行分析。在具体的操作过程中,将从两个维度展开分析:一是期刊维度。由于《档案学通讯》《档案学研究》具有较强的代表性,这一维度的分析将主要以这两家刊物的学术论文为样本,学术论文的确定标准和相关结果在第3章第2节已有说明和交代。同时,由于这两家刊物的地位和要求均比较高,刊发的论文在质量和学术价值方面亦普遍较高,相应地,对作者的学术水平和学术素质的要求也是很高的,以此为样本也较为符合本书对中国档案学共同体的基本定位。但是,不容忽视的是,学者的各种动态性因素的影响如工作转换、职称转换、身份转换等,甚至学者本身的学术研究活动亦存在高峰和低谷的波动,这些因素会对学术研究的稳定性带来很大影响。为了尽量减少这些不确定因素的影响,在分析过程中依然采取分期研究的方式,并将研究重点放在2007—2015年这一较近时段,以保证研究的时效性,同时以其他

---

① 具体信息参见《档案学通讯》2014年第6期《世界图书出版上海有限公司档案学专业图书推荐书目》。

两个时段为辅,进行比较分析。二是作者维度。兼顾到样本数量和样本质量的可靠性和代表性,本部分的研究将以中国人民大学档案学专业的 20 位专职教师为样本展开个案分析,具体的分析以其所刊发的所有档案学学术论文为基本数据源。

　　本部分的研究工具为当前在学术研究中较为常用且功能强大的 CiteSpace2 软件,主要应用其作者合作网络的统计分析及可视化功能。

　　5.1.1.2　合作行为的表征

　　图 5 - 1 显示了《档案学通讯》和《档案学研究》在 2007—2015 年时段发表学术论文的 268 位作者合作网络关系图。

图 5 - 1　《档案学通讯》《档案学研究》2007—2015 年
所载学术论文的作者合作网络关系图

　　首先,从图示指标来看。在图 5 - 1 左上角的文字中,E 表示连线数量,作者之间有连线即代表相互之间有合作关系,根据文字显示,2007—2015 年时段的连线数量为 101。而 1987—1996 年时段的作者数量为 368,连线数量仅为 25;1997—2006 年时段的作者数量为 328,连线数量为 57。从这一组数据的对比可以看出,三个时段,作者合作行为的发生频率在不断提高。Density 表示的是合作网络的密度,其数值大小是作者合作度的一个精确反映。2007—2015 年时段的网络密度为 0.002 8,1987—1996 年时段为 0.000 4,1997—2006 年时段为 0.001 1。2007—2015 年时段分别是后两个时段的 7 倍和 2.55 倍,1997—2006 年时段是 1987—1996 年时段的 2.75 倍。这一组数据的对比精确地反映了三个时段作者合作度的变化。从临近两个时段来看,其增长的速度较为平稳,但是相隔两个时段的变化幅度就相对明显了。

其次,从图示内容来看。图中的圆点表示节点,每一个作者为一个节点,圆点的大小是由作者的出现频率决定的,圆点越大,表示作者的出现频率越高,图中黑色字体显示的即可视为高产作者。各节点之间有联系,则表示作者之间有合作关系,无连线就表示没有合作关系。其一,从出现频率看,高产作者之间的直接联系较少,大部分高产作者之间没有合作关系。从图示来看,高产作者之间存在直接合作关系的有冯惠玲和张宁、张斌和徐拥军、聂云霞和王新才、倪丽娟和任越、马仁杰和裴友泉等 5 组,存在间接合作关系的有张斌和徐拥军、陈艳红和向立文、马仁杰和李财富、马仁杰和丁华东等 4 组,图中所示的陈忠海和王云庆的间接联系人陈洁为同名同姓的两个人,故不计入在内。其余的高产作者之间则无合作关系。从作者的工作单位看,有直接合作关系的高产作者中,除马仁杰和裴友泉之外,其余 4 组均为同事关系,其中中国人民大学的有 2 组。从中间联系人的身份看,间接联系的高产作者中,除陈艳红和向立文的联系人为其同事外,其他均为学生,即有师生关系。此外,图中突出显示的高产作者共有 40 位,其中 4 位作者为档案工作者,仅占 10%,而这 4 位作者中,有合作关系网络的为裴友泉和章燕华,两者均与高校档案学专业教师有合作关系。在 30 位高产的高校档案学专业教师中,12 位作者无合作网络,占 40%。其余的 18 位有合作网络的专业教师,其合作者以学生为主。

图 5-2 显示了中国人民大学信息资源管理学院 20 位档案学专业教师

合作网络图,教师名单由信息资源管理学院团委书记马晴于 2015 年 9 月 17 日统计并提供,统计对象是各位教师被中国知网收录的所有档案学学术论文,统计日期为 2015 年 9 月 20 日至 27 日。

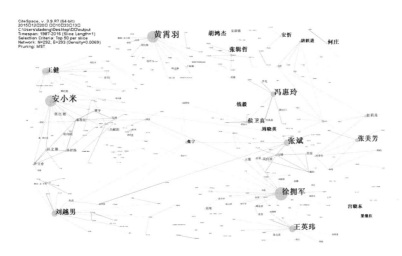

图 5 - 2　中国人民大学信息资源管理学院档案学专业教师合作网络关系图

　　首先,从图示指标来看。统计样本共涉及 292 位作者,连线有 293 条,连线数是《档案学通讯》《档案学研究》所刊载学术论文 2007—2015 年时段的 2.9 倍。网络密度为 0.006 9,是该时段的 2.46 倍。该数据对比虽然不是同一对象、同一时期的同等对比,但是也能反映出一种现象,即同一单位内部的档案学者之间合作行为发生的频率较高。此外,对图 5 - 1 的分析中,在 5 组有直接合作关系的高产作者中,中国人民大学就占到 40%,一定程度上也能印证这种现象的存在。

　　其次,从图示内容来看。在 20 位教师中,不存在合作网络的有 4 人,占 20%。在有合作网络的 16 位教师中,张辑哲、王英玮、何庄、安忻等 4 人的合作网络与其他教师的合作网络之间无交叉。其余的 12 位教师中,张美芳、唐跃进的合作网络有交叉,两者为间接联系;冯惠玲、张斌、王健、周晓英、安小米、刘越男、侯卫真、徐拥军、黄霄羽、钱毅等 10 位老师两两之间均有直接或间接的联系,构成了一个较大的合作网络。其中,与冯惠玲有直接联系的教师有王健、周晓英、安小米、刘越男、侯卫真、黄霄羽、钱毅。值得注意的是,在图示中,赵国俊和张宁在这个大型合作网络中起到了非常重要的作用。以赵国俊为中心,直接串联起的教师有冯惠玲、安小米、侯卫真、钱毅,以张宁为中心串联起的教师有冯惠玲、张斌、王健、安小米、刘越男、黄霄羽。同时,有合作网络的16位教师,以其为中心均有自己的一个合作网络,合作网络中的作者各异,但仔细分析之后可发现,其以学生为主。

从以上的统计分析中可以窥见中国档案学共同体合作行为的基本面貌:

其一,从阶段性的角度看,中国档案学的合作行为在逐步、平稳地增强,但是总体而言,合作行为的发生频率和规模都相对较小。付允、牛文元等作者以2004—2008年间《科研管理》杂志刊发的论文为样本,分析了科学学领域作者合作网络的情况,结果显示其整体的网络都是连通的,即所有的作者之间均存在直接或间接的合作关系,而且还存在众多的合作团体,其中仅10人以上的合作团体就有14个。①

其二,在中国档案学共同体无形学院的内部,发生直接和间接合作行为的以同事关系为主,不同部门的高产作者之间发生合作行为的频率较小。在无形学院与其他中国档案学共同体之间,发生直接和间接合作行为的以师生关系为主,其主要原因在于无形学院的成员主要以高校档案学专业教师为主。

其三,在中国档案学共同体的合作网络中,同一单位内部的合作程度相对较高,也出现了一定数量的合作团队如中国人民大学的电子文件研究团队,但总体而言其数量和规模还相对较小。学术权威在促成中国档案学共同体的合作行为中发挥着更为重要的作用,如冯惠玲。此外,还有一个现象非常值得关注,即其他学科的专家在凝聚档案学共同体的联系中可以发挥出很大作用,如赵国俊和张宁。当然这种作用在有限的范围内如单位内部

---

① 付允,牛文元,汪云林,等.科学学领域作者合作网络分析——以《科研管理》(2004—2008)为例[J].科研管理,2009(5):41-46.

效果非常明显,超出单位范畴其作用则会极大地降低。

5.1.1.3 合作行为的效用

邱均平、温芳芳研究发现"作者的合作程度与其科研产出的数量之间不存在有意义的正相关关系,但作者的合作程度与其科研产出的学术影响力之间存在显著的正相关关系"[①]。两位作者的研究展现了合作行为一个方面的效用,那么,它还有其他效用么?答案是肯定的。

普赖斯认为,在由小科学到大科学的发展过程中,科学共同体内部日趋集体合作的运动是一种自然发展的延伸,除此之外,还存在着一个持续的运动,其发展趋势是大多数高产作者生产率的提高和低生产率作者数量的增加。[②] 其中,高产作者生产率的提高是与合作关系密不可分的。普赖斯的高产作者群即指无形学院,在一个无形学院中往往存在一种集体领导的模式,更为重要的是,无形学院中的高产作者本人可以凭借其学术优势、经费优势、身份优势等组建自己的科研团队,将低产作者吸纳进来,如此一来,不仅可使科研效率得到极大地提升,而且还能完成比高产作者本人单枪匹马时更多的工作量。这一过程还有更为重要、深远的意义,那就是可以有效地将低水平科学家组织起来,使他们可以把自己与精英科学家的科研活动直接联系在一起,这不仅有利于低水平科学家的成长,更能够为科学家共同体尤其是无形学院的发展提供源源不断的新活力、新动力。

在当前中国档案学共同体中无形学院的学术研究活动中,师生合作是较为常见和主要的合作形式,如在图 5-2 中,合作网络中的连线大部分都是在师生之间发生的。在这种合作模式中,导师权威的效用被展现得淋漓尽致。一方面,导师本人的学术思想、学术素养等可以在顶层设计的过程中有效地予以贯彻,并可以通过师生的共同合作予以实现;另一方面,学生也可在避免少走弯路的情况下,充分发挥自己的积极性参与学术成果的具体

---

① 邱均平,温芳芳. 作者合作程度与科研产出的相关性分析——基于"图书情报档案学"高产作者的计量分析[J].科技进步与对策,2011(5):1-5.

② 普赖斯 D. 小科学,大科学[M].宋剑耕,戴振飞,等译.北京:世界知识出版社,1982:77-78.

完成,并在此过程中实现自身的成长。在师生合作形式之外,同事之间的合作也是中国档案学共同体重要的合作形式。将图 5-1 和相关的成果进行比对分析就可发现,同事之间的合作模式与师生合作有异曲同工之妙,即也是以某一优秀作者为核心而实现的合作。在此之中,也会有其他单位的作者加入,但是这种情况相对较少。近一段时间,被誉为"濮阳三杰"之一的管先海及其团队的合作研究行为在《档案界论坛》引发了较大反响。据统计,管先海在各类档案学专业期刊上已发表论文 112 篇(检索时间为 2015 年 12 月 22 日),2012—2015 年,其一直坚持每一期都向《档案管理》杂志投一篇学术论文。据了解,2015 年,由其主导完成的稿件均采用了类似于师生合作的模式,即由其本人确定选题和方向并参与部分写作,其他成员撰写相应的部分内容,最后由其定稿。通过这种合作模式,管先海本人不仅深刻体会到了"众人拾柴火焰高"的好处,其他网友也大赞其"一带一大片"的高风亮节。其合作作者主要以濮阳市档案局(馆)的年轻人员为主,还有河南省其他市县档案局(馆)的人员以及中国人民大学的一位档案学专业硕士研究生参与。当前,跨单位合作和跨界合作行为在中国档案学共同体的学术研究活动中不占主导地位,但是发生频率也在逐渐增多。

通过以上分析可知,合作行为可有效提高中国档案学共同体的学术研究效率。但是,其更为重要的功能和作用在于其在中国档案学共同体本身尤其是无形学院发展中的作用。通过合作行为,不仅可以有效促进无形学院的发展,而且又可使无形学院之外的中国档案学共同体成员得到锻炼和成长。

普赖斯等科学家的研究和科学发展的态势业已表明,科学合作行为的发展已成为科学社会化发展的一种趋势和重要特征。中国档案学的发展自不例外。在中国档案学共同体的学术研究活动中,除进一步大力发展师生合作、同事合作、跨单位合作、跨界合作等合作模式外,还应注重较大规模的、较为稳定的团队合作模式的发展,这是一种更为有效、更有学术保障力的合作模式。中国人民大学信息资源管理学院的电子文件研究团队就是这样一种典范。但殊为可惜的是,这种团队在中国档案学共同体中的数量太少了。

5.1.2 投稿行为

根据《中华人民共和国著作权法》(以下简称《著作权法》)第三十二条的规定,投稿行为包括著作权人向报社和期刊社两种目标的投稿,出于对中国档案学专业报刊和期刊情况的考虑,以及当前中国档案学共同体投稿行为主次情况的考量,本部分的研究主要针对期刊投稿展开。

对中国档案学共同体而言,投稿行为是其学术论文进入交流系统的必经环节,也是其实现学术价值的重要环节。从学术论文的撰写到投稿,再到被期刊录用发表,这是一个连续的过程。但是其中,投稿环节往往不被中国档案学共同体所重视,因为与其他两个环节相比,投稿环节没有实实在在的成果产生,而且由于现代科学技术的普及和发展,投稿行为更加快捷化、简单化,分分钟可以完成。因此,其在共同体成员心目中的分量就愈发轻飘了。

然而,投稿行为虽然日趋简捷化,它却是中国档案学共同体成员与专业学术期刊的第一次正式交流,作为中国档案学学术交流系统的一个重要组成部分,其学术作用是不容忽视的。在几分钟的邮件操作之外,投稿行为包含着作者对自己研究成果的定位与评价,包含着作者自身的学术素养甚至是个人修养,包含着作者对期刊的评价与认识——承载于其中的是期刊本身的定位与风格,等等。此外,对部分共同体成员与期刊来说,一次完整的投稿过程还包括咨询、论文修改等环节。因此,投稿行为看似简单,其中的内涵是丰富多彩的。

5.1.2.1 投稿行为中的权利与道德

对投稿行为性质的界定和认识是解决相关问题的起点和重点,尤其是对于明确作者和期刊社双方的权利和义务、解决投稿纠纷等具有至关重要的作用。从已有的研究成果来看,对投稿行为的认识主要有要约说、承诺说和要约邀请说三种。经过考量,本书较为倾向于要约邀请说。

张亚茹认为,要正确审视投稿行为的性质需明确三个概念:"期刊社公开的投稿范围指南、作者投稿行为和期刊社实质编辑流程。"① 就中国档案学的现状而言,除档案学专业期刊社公开发布的投稿、约稿、征稿等启示外,期刊本身的定位、栏目设置等均会给作者判断投稿的方向和范围提供依据。对于中国档案学共同体而言,投稿行为不单单只包括作品的投寄行为②,一次完整的投稿行为应该包括作品投寄之前的了解和咨询环节、作品投寄环节、投稿结果的反馈和作品修改环节以及作品发表之后样刊和稿费的寄送等四个环节。作品投寄是关键环节,也是判断投稿行为是否成立的实质行为,因为如果没有作品投寄环节,其他环节要么不产生实际的意义,要么根本就不会发生。根据张亚茹的行文来看,实质编辑流程仅指期刊社编辑对已录用稿件的编辑,而其全文论述的重点则在审稿环节而不是编辑环节,因此笔者将其修正为期刊社实质的审稿流程。一般而言,期刊社实质的审稿流程包括初审、复审、终审等。由于档案学各专业期刊社有自己的实际情况,在审稿流程的具体操作过程中会有所不同。笔者了解较为深入和全面的《档案管理》杂志社就严格执行一稿三审制,初审之后会给作者反馈初审结果;初审通过的稿件会分发给两位审稿专家进行复审,复审结论一般为可以发表、改后发表、改后再审和不发表四种;复审之后,期刊社编辑将汇总专家审稿意见报总编审定,即终审。经过三审决定录用的稿件,编辑会在初步排版之后,将审稿专家的修改意见和排版意见一并反馈给相应作者,由作者参考修改。

根据《中华人民共和国合同法》(以下简称《合同法》)第十四条和第十五条规定:"要约是希望和他人订立合同的意思表示,要约邀请是希望他人向自己发出要约的意思表示。"③ 中国档案学共同体的投稿行为本质上是依据档案学专业期刊社公开的投稿范围指南,将自己的作品投寄给相应的期

① 张亚茹. 学术期刊作者投稿行为的法律审视与应对[J]. 新闻研究导刊,2015(13):177,192.

② 董翔薇. 投稿行为性质的法律界定——兼论对作者权益的保护[J]. 黑龙江省政法管理干部学院学报,2004(3):69-70.

③ 全国人民代表大会常务委员会. 中华人民共和国合同法[EB/OL]. [2016-01-01]. http://www.law-lib.com/law/law_view.asp?id=475.

刊社,然后再由期刊社通过本社实质的审稿流程决定是否录用。其一,作品是投稿行为的实际标的物,作品不存在,投稿行为也不会发生。其二,作者向期刊社投寄自己作品的最终目的是获得相应的学术承认和报偿等,而这一目的只有自己的作品通过期刊社的审稿流程得以录用并最终发表才能实现。其三,投稿行为实质上是作者将自己作品的一部分所有权和使用权等让渡给期刊社的过程,这种让渡行为的实质发生自作品得以录用开始,正式确立在作品发表和期刊社支付稿酬之时。而在作者投寄出自己的作品之后直至审稿结果出来之前,由于《著作权法》《合同法》等相关法律法规的规定,作者对自己作品的所有权和使用权等权利在此期间实质上被限制和约束了,虽然在此期间这些权利尚未得到正式的让渡。基于以上分析,投稿行为的性质较为符合要约邀请的内涵和规定。

《著作权法》的第三十二条规定:“著作权人向报社、期刊社投稿的,自稿件发出之日十五日内未收到报社通知决定采用的,或者自稿件发出之日起三十日内未收到期刊社通知决定采用的,可以将同一作品向其他报社、期刊社投稿。”① 从法律条文来看,《著作权法》仅对著作权人做了约束,缺乏关于报社、期刊社的义务和责任的规定,而为社会所深恶痛绝的一稿多投行为恰恰发生在作者投寄作品至期刊社并等待审稿结果出来的这一段时期内。

将投稿行为界定为要约邀请,可以在一定程度上对期刊社的行为有所约束。既然是一种邀请行为,且在此期间作者的相应权利依然受到约束,那么期刊社也要担负起相应的义务和责任。对于中国档案学的专业期刊社而言,首先期刊社公布的投稿范围指南要明确,尽可能避免作者因不解或误解所造成的盲目投稿行为,同时也可在一定程度上减少期刊社本身的无效劳动量。其次在审稿过程中期刊社也需加强与作者的联系,一方面是公开审稿流程和时间安排,另一方面是及时将审稿结果和审稿意见反馈给作者。

---

① 全国人民代表大会常务委员会.中华人民共和国著作权法[EB/OL].[2016-01-01].http://www.law-lib.com/law/law_view.asp? id=310803.

在这方面,《档案学通讯》杂志社和《档案管理》杂志社做得较好。《档案学通讯》杂志社除通过电子邮件系统及时反馈结果外,还依托自己的博客、微博等及时发布征稿、审稿以及目录信息等。《档案管理》杂志社在电子邮件系统之外主要依托的是《档案界》论坛发布相关信息。最后在论文刊发之后,样刊和稿费的寄送也应规范、及时。

对中国档案学共同体而言,造成自己一稿多投行为的除了期刊社信息发布不及时等外在因素外,主要原因还是在于自身。而且在当前《著作权法》等法律法规不完善、不健全的态势之下,一稿多投行为更多涉及的是作者的道德问题。虽然有一稿多投行为的只是少部分作者,但是它给学术界、期刊社等带来的负面影响却是巨大的。宋维志认为,应将一稿多投和一稿多发区分看待。① 笔者认为在中国档案学界万万不可依此而行。其一,一稿多投涉及学术道德问题,对这类问题开禁会动摇中国档案学共同体的根基。根据《档案学通讯》杂志社 2015 年 12 月 12 日曝光的一起一稿多投事件的证据显示,该作者不仅将自己的稿件群发给《浙江档案》《北京档案》《档案春秋》《档案管理》《档案天地》《档案学通讯》《档案与建设》《档案》等八家期刊社,而且在《档案学通讯》杂志社向其反馈初审未通过的结果之后,该作者竟然在回复的电子邮件中无端指责杂志社,并口出污言秽语辱骂杂志,其恶劣的道德品质显露无疑。其二,档案学专业期刊社的录稿标准实质上是一致的,"好稿不改、差稿不用"是期刊社的共识。换句话说,差的稿件投再多的期刊社也是枉然,而好的稿件投的期刊社越多,被重复刊发的几率就越高,即一稿多投极易产生一稿多发的后果。沈德发指出,投稿中存在五种不正之风:"一稿多投、署名不实、拼凑数量、粗制滥造、剽窃别人研究成果。"② 后三种风气主要存在于作者写稿阶段,除一稿多投外,只有署名不实与投稿行为有关。但是从已有的成果看,我国档案学术论文的署名现象较为复杂,

---

① 宋维志. 学术论文一稿多投问题研究[J]. 重庆文理学院学报(社会科学版),2015
(5):90-95.

② 沈德发. 淡泊以明志宁静方致远——投稿不正之风引发的思考[J]. 中国科技期刊研究,2002(5):408-409.

如将署名不实的情况单独割裂出来统计分析殊为不易,故在此不再展开。但是,不可否认的是,署名不实的现象也与学术道德有关。

5.1.2.2 投稿行为的主要影响因素

不同因素对投稿行为的影响是不同的。刘建滔、陈智平等以《广东医学院学报》为调查和统计样本,分析了生物医学领域的作者投稿行为的影响因素。其在研究中共设计了 17 项因素,涵盖了期刊的定位、级别、质量、编辑部的工作等各方面内容。经过对比分析后发现,在作者投稿前的考量中,各种因素所占的比重是不同的,其中,"刊物是否为正式刊物"是作者首要考量的因素,而"稿酬的高低"是最不受作者重视的因素。[1]

分析诸多影响因素的内涵即可发现,其基本是围绕期刊和期刊社展开的,不同的学科领域,专业期刊和期刊社的实际情况是不同的,而作者群体的情况也不尽相同。因此,影响因素及各因素的影响效度也会有不同的表现。结合我国档案学的实际情况,设计了期刊的学术定位、是否为核心期刊、编辑的工作效率、与编辑部的人际关系、稿件的采用率、版面费、刊期和期均载文量、其他等 8 项因素,以"影响您投稿的首要因素"为题对我国高校档案学专业教师进行了问卷调查,题目设置为多选形式。最终回收有效问卷 120 份。调查结果如图 5 - 3 所示。

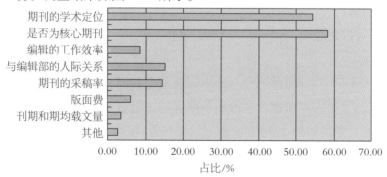

图 5 - 3 影响高校档案学专业教师投稿的首要因素

---

① 刘建滔,陈智平,邓丽琼,等. 生物医学期刊作者投稿行为的影响因素[J]. 编辑学报,2008(3):245 - 246.

根据调查,影响高校档案学专业教师投稿的因素中,是否为核心期刊和期刊的学术定位是其主要考量因素,分别占 58.3% 和 54.2%,所占比重远高于其他因素。此外,与编辑部的人际关系占 15%,期刊的采稿率占 14.2%,也是被调查者较为看重的影响因素。其他项所占比重最小,仅 2.5%,根据被调查者所填答案显示,其包括考核要求、学院定制的期刊目录、目前主要是与我的研究以及观点的契合等因素。

通过卡方检验可以看出,职称与核心期刊的选择有显著相关性:$\chi^2(3,120)=7.918, p=0.048<0.05$,教授更倾向于不选择核心期刊(52.8% 的教授选择否),而副教授更倾向于选择核心期刊(67.3% 的副教授选择是)。同时,通过卡方检验亦可发现,职称与版面费的选择也有显著相关性:$\chi^2(3,120)=23.89, p<0.001$,副教授更倾向于不选择版面费(96.2% 的副教授选择否),而助教更倾向于选择版面费(66.7% 的助教选择是)。其他因素如性别、年龄、学历等未检验出其与投稿影响因素有显著相关性。

综合以上分析,从整体上看,期刊的学术定位和级别是影响中国档案学共同体投稿行为的两个主要因素,在明确已知的投稿影响因素中,刊期和期均载文量是最不受作者重视的因素。同时,在个体差异方面,职称在期刊级别和版面费等两个因素中亦可产生较大影响。

5.1.3 评价行为

学术评价的内涵有两个,一是中国档案学共同体内部就学术成果进行同行评议,主要内容包括对学术成果内容的评析、对学术成果价值的评判、学者学术贡献的鉴别、学术研究进展的把控等,根本目的在于为学术同行开展进一步研究提供借鉴、充当继承和超越的对象,最终推动学术发展。二是在中国档案学共同体外部,通过对共同体成员学术研究和成果的评审和考核,确定其工作报酬、职位升迁等,亦即主要存在于高校及相关企事业单位的学术评价机制。相比较而言,前者是学术评价的本真,而后者则逐渐演变为一种"异化"。本部分的研究主要围绕前者展开。

中国档案学共同体的评价行为主要存在于两个活动领域,一个是在档案学专业期刊社的审稿活动中,另一个是档案学共同体在学术研究过程中的学术引用活动中。此外,在当前广泛存在的各级各类项目评审活动中也涉及学术评价,但这种学术评价主要是以已有的研究成果为依据,对学者及研究团队的学术素质、学术能力、研究潜力等的评价,评价的主要目的在于学术奖励,故此类学术评价行为本部分研究不再展开。

5.1.3.1　专家审稿

专家审稿是决定中国档案学共同体的学术论文成果能否进入学术交流系统的关键环节。入选 2014 版《中文核心期刊要目总览》的 8 种档案学专业期刊均实行专家审稿制。只是由于各期刊社主客观条件的不同,其具体的操作方式和措施各不相同。本书研究中仅以《档案学研究》和《档案管理》为例。

当前,《档案学研究》杂志社是 8 种刊物中唯一采用在线编辑系统处理稿件的期刊社。该系统下设作者登陆、主编登陆、专家登陆、编辑登陆四大模块,实行一稿三审制。初审和终审由编辑部完成,复审由三位匿名外审专家完成。但是,无论初审还是终审,操刀处理的均是中国档案学领域学术水平很高的专家。因此,整个审稿流程是名符其实的专家审稿。

《档案管理》杂志社亦实行三审制,由于笔者的了解相对深入,故在此做详细梳理。其一,审稿专家的选聘。《档案管理》杂志社选聘 30 位专家成立审稿专家组,一线工作者和高校档案学专业教师各占一半,专家组名单刊登于《档案管理》杂志封二,并在《档案界》论坛公布。在选聘审稿专家时,专业方向上的出类拔萃是基本条件,但是杂志社更看重的是其公平客观、刚正无私的态度。同时,专家组成员专业方向的全面性亦是其协调的重要内容。但是,处于对专家组成员的保护以及尽可能避免作者干扰因素的考虑,杂志社不公布其研究方向。其二,审稿流程的操作。第一,《档案管理》的审稿流程在《档案界》论坛上公开,而在整个审稿流程中,作者信息不做屏蔽处理。这样做的好处是审稿专家可以根据作者的身份采用相应的标准衡量稿件,身份越高审稿标准也越严。第二,初审专家(其本身也是审稿专家)根据原创性、颠覆性、调研性三大标准(三者有一即可)对进入当期审稿范围的稿件进行流水初审,在截稿日期之后,随时在投稿邮箱中调出稿件审读,一篇稿件审读完毕随即签发初审意见。初审通过率大概在10%左右。第三,通过初审的稿件由杂志社专职编辑根据稿件内容分发给两位相关领域的专家进行复审。审稿专家的姓名不对作者和初审专家公开。复审专家总的评审原则有三项:一是是否言之有理,二是是否自圆其说,三是是否符合行文规则。具体操作时需以《档案管理》杂志社审稿单(见表5-1)为准。如表5-1所示,复审专家将从文章选题、学术水平、创新性、严谨性、文字方面、参考文献、名词术语、摘要、关键词等9个指标对稿件进行全面评判,并最终做出总体评价。通过复审的稿件一般在20至30篇。第四,终审由杂志社总编负责,其主要工作是根据复审专家的审稿意见定稿——对复审专家意见一致的稿件直接决定是否录用,对意见不一致的稿件,总编需调原稿仔细审阅判断。此外,总编会对特殊稿件进行处理:一是特约稿和极优秀的稿件直接由总编审核把关,二是酌情处理少数人情稿和关系稿(此类稿件会放在《档案管理》杂志的工作园地栏目刊发)。

表5-1 《档案管理》杂志社审稿单

《档案管理》杂志社审稿单				
			年　月　日	
稿件编号		文章题目		
文章选题	□前沿课题	□热门课题	□关键技术	□一般
学术水平	□国际水平	□国内领先	□一般	□较低
创新性	□有重大创新	□有创新	□属方法改进	□无创新
严谨性	□很严谨	□较严谨	□一般	□严谨性较差
文字方面	□通顺	□较通顺	□重量冗长	□缺乏逻辑性
参考文献	□文献合理	□较全面	□不够全面	□缺乏关键性文献
名词术语	□规范	□不规范	□统一	□不统一

（续表）

摘要	□概括文章内容	□未概括文章内容	□字数过少	□需重写
关键词	□正确	□基本正确	□过多	□过少
总评	□优秀	□较好	□一般	□较差
刊用建议	□可以发表	□改后发表	□改后再审	□不发表
简要评价及修改意见 请对稿件的总体水平进行评价(如理论水平、独到见解、应用价值等)				
审稿人姓名		研究方向		
对本领域的熟悉程度	□很熟悉	□熟悉	□一般	
审稿人电话		Email		
备注：				

由以上论述可以看出,专家审稿是一种典型的同行评议方式。审稿专家和作者均是中国档案学共同体的成员,审稿专家参照作者的学术水平和素质(如对身份因素的考虑),对其学术论文进行全面评价,判定其学术水平和学术价值,为其是否被期刊录用提供评价意见。专家审稿不直接与学术成果的应用发生关系,但是其通过评价意见对进入学术交流系统的学术成果的质量、类型等产生决定性影响。因此,在中国档案学共同体的评价行为中,专家审稿占据着非常重要的地位。

需要关注的是,在专家审稿的评价过程中,审稿专家本身的学术素养、情感因素等,以及外界的人情甚至利益等干扰因素,会对评价结果产生一定影响。要减免这些因素的影响,需要期刊社、审稿专家和作者三方的共同努力。对于期刊社而言,可从公开审稿流程、严格审稿程序、慎选审稿专家等措施入手;对于审稿专家而言,公平客观、刚正无私的审稿态度是阻挡人情、利益等因素的金盾;而对作者而言,多在文章质量上下功夫才是提高稿件命中率的根本方法。

5.1.3.2 学术引用

学术引用是学术研究活动的重要组成部分。对被引者而言,学术引用是其获得学术承认的主要途径;对于引用者而言,学术引用是其开展进一步研究的基础;对于中国档案学共同体而言,学术引用是学术评价的重要表现形式。

以作者为标准,学术引用可分为自引和他引两种,其中他引是主要方面。以表述形式为标准,学术引用又可分为负引用和正引用①,其中正引用是主要方面,负引用是指在引用他人学术成果时是以批评或批判的形式表述,相反,正引用是以认同或赞许的形式表述。

在科学计量学中,被引率是计量研究的一个重要指标,换句话说,学术引用这种学术评价行为可以通过精确度量的方式进行分析。在本书第3章研究中国档案学共同体的分层问题时曾进行过相关分析,从中也可得出两条重要结论:其一,被引率与学术产出存在正相关关系;其二,在中国档案学共同体的高被引群体中,高校档案学专业教师占主体地位。

从引用功能来看,中国档案学共同体学术引用中的正引用行为主要以提供论据、佐证观点、铺垫研究等为目的,负引用行为则主要以学术批判为目的。无论是正引用还是负引用,中国档案学共同体均需要在把握相关学术成果的价值和学术性等基础上展开学术引用。因此,对于中国档案学共同体这一整体而言,学术引用是学术评价的表现也是目的。

与专家审稿不同,学术引用的对象是已进入学术交流系统的学术成果。学术引用本质上体现出的是中国档案学共同体对相关研究成果的价值认同,正引用自不待说。我国学者段忠桥认为:"(学术)争论既体现了对学界既有成果的尊重,又能彰显创新性的成果。缺少争论的论文不能算做真正意义上的学术论文。"② 同正引用一样,负引用也是学者们在对相关研究成果的学术价值和学术观点等进行判断的基础上做出的一种学术研究活动,负引用虽然表现为学者们对相关研究成果的一种批评或批

---

① 张微.科技论文引用种类的初步剖析[J].图书情报工作,2010(16):59-62.
② 段忠桥,张文喜.坚持学术争论　注重分析方法——段忠桥教授访谈[J].学术月刊,2011(5):155-160.

判,但是根本上反映出的是学者们对其的一种尊重,批评或批判不是最终目的,学者们的负引用行为最终是为了自身学术研究的超越和发展,而这些研究成果的价值也正是通过负引用得以发挥出来。因此,负引用也是一种价值认同。

对于学术研究活动而言,学术批判是学术创新过程必不可少的环节,"学术创新预设学术批判"①,而学术创新是学术研究的生命力所在。因此,在学术研究中,学术批判占据着至关重要的地位。在中国档案学共同体的学术研究活动中,仅以学术引用行为来看,表征学术批判的负引用所占比重较小。根据检索,在《档案学通讯》和《档案学研究》在 1987—2015 年刊发的7 296 篇学术论文中,批判他人、与他人商榷等性质的文章只有 69 篇(检索日期为 2016 年 1 月 3 日),只占总数的 0.95%。所需负引用的文章数量少,负引用的数量相应就少。

学术评价的主要目的在于继承和超越,而学术批判则是最有效的方式。当前在中国档案学共同体的学术研究活动中,普遍缺乏一种积极、主动的批判精神,无论是批判自己也好还是批判他人也罢,都需要引起中国档案学共同体特别重视。宋琦、葛云峰提出:批判性研究特质的培养是档案学学术的生长点。② 开展学术批判的关键在于中国档案学共同体是否具有批判性思维的观念和技能,技能可通过教育和学术训练去获得,而观念则需要意识和意志的催动。

5.2　中国档案学共同体的研究内容

中国档案学共同体的学术研究成果最主要的展现形式就是学术论文和学术著作,其中,学术论文又是使用较为频繁、数量较多的载体。一方面,相

---

① 武宏志.学术批判与批判性思维——兼论黄展骥的学术批判特色[J].学术界,2015
(3):172-176
② 宋琦,葛云峰.批判性研究特质的培养:档案学学术的生长点[J].档案学通讯,2014
(3):22-26.

较于学术著作而言,学术论文的发表周期较短,因此其能够较为及时地反映档案学共同体的最新研究动态和思想观点;另一方面,作为学术研究中新颖性资料和创造性思想的载体,学术论文的首要任务在于传递学术研究信息,因此其在档案学术交流过程中占据着主导地位。因此,笔者将以档案学术论文为主要依据,分析中国档案学共同体研究的主要内容以及变化情况。

5.2.1 数据来源与分析方法

中国档案学共同体的学术论文产出数量巨大,无法通过一一解析来研究其内容。而在学术论文的各种结构性要素之中,关键词是用于展现和表达学术论文主题内容的一种工具。虽然关键词的主要功能是便于文献的储存和检索,但是其本身所包含和传递出的信息却也为学者们的文献计量和内容分析等工作提供了一种有效的方法和途径。

在此部分的研究中,仍以《档案学通讯》和《档案学研究》两家刊物自1987—2015年所刊载的学术论文为样本。

具体的分析方法是:将《档案学通讯》和《档案学研究》检索所得的学术论文基本以10年为期分别划分为三个时间段,即1987—1996年、1997—2006年、2007—2015年,然后再利用Cite Space2的自动排序功能,将论文的关键词按照出现频率降序排列。通过分析发现,在各时间段中,排名前30位的关键词至少能够保证一年一次的频率,即可体现出研究的持续性。同时,考虑到后文对比分析的对等性和同位性,两家刊物的每一个时间段均抽取排名前30位的关键词为分析对象。在具体的分析过程中,本书首先以刊物为基准,对同一家刊物三个时间段的关键词进行对比分析;然后以时间为基准,对两家刊物同一时间段的关键词进行对比分析;最后进行整体上的分析和总结,以求多角度、全方位地展现中国档案学共同体学术研究的主要内容及其变化的情况和规律。

5.2.2 内容分析与规律总结

5.2.2.1 《档案学通讯》1987—2015 年学术论文关键词比较分析

表 5 - 2 是《档案学通讯》1987—1996 年、1997—2006 年、2007—2015 年三个时段所载学术论文排名前 30 位的关键词,为使后文的论述方便,并与《档案学研究》区别开来,此节将分别以"TX 一时段"、"TX 二时段"、"TX 三时段"代称。

表 5 - 2 《档案学通讯》1987—2015 年所载学术论文排名前 30 位的关键词

1987—1996 年			1997—2006 年			2007—2015 年		
序号	关键词	出现频率(次)	序号	关键词	出现频率(次)	序号	关键词	出现频率(次)
1	档案工作	264	1	档案工作	148	1	档案学	90
2	档案事业	179	2	档案事业	124	2	档案	62
3	国家档案局	141	3	档案信息	105	3	电子文件	51
4	科技档案	124	4	国家档案局	88	4	数字档案馆	41
5	档案信息	119	5	档案管理	83	5	档案管理	40
6	档案馆工作	96	6	档案利用	74	6	档案信息	33
7	进馆	86	7	档案	62	7	电子文件管理	31
8	文件材料	86	8	国家档案馆	51	8	档案利用	30
9	国家档案馆	76	9	现行文件	48	9	档案馆	27
10	档案管理	76	10	档案人员	47	10	档案工作	22
11	档案史料	75	11	档案学理论	44	11	社会记忆	20
12	档案利用	72	12	档案馆工作	42	12	公共档案馆	19
13	档案人员	63	13	国际档案大会	41	13	档案事业	18

（续表）

1987—1996 年			1997—2006 年			2007—2015 年		
序号	关键词	出现频率（次）	序号	关键词	出现频率（次）	序号	关键词	出现频率（次）
14	档案资料	62	14	《档案学通讯》	39	14	档案网站	18
15	县档案馆	58	15	进馆	39	15	档案教育	18
16	文书工作	57	16	档案学研究	38	16	政府信息公开	18
17	编研工作	54	17	馆藏档案	33	17	信息服务	17
18	档案专业	54	18	来源原则	33	18	历史档案	16
19	立档单位	50	19	档案学	33	19	档案信息资源	16
20	企业档案	50	20	档案专业	32	20	知识管理	16
21	档案内容	48	21	电子文件管理	32	21	电子政务	15
22	全宗	48	22	档案史料	31	22	档案开放	15
23	文书档案	48	23	企业档案	31	23	中国档案学	15
24	集中统一管理	45	24	文件中心	31	24	企业档案	15
25	档案学研究	43	25	吴宝康	29	25	研究	15
26	科技文件材料	38	26	档案开放	29	26	信息资源	14
27	档案教育	37	27	档案资料	28	27	档案文献	14
28	馆藏档案	36	28	科技档案	28	28	档案文化	14
29	编研成果	36	29	文件材料	27	29	档案学专业	13
30	《档案学通讯》	35	30	文件管理	26	30	档案服务	12

第一，共有关键词分析。

据表 5-3 显示，《档案学通讯》三个时段的高频关键词中，有一些相同的关键词，这种现象的存在一定程度上表明，中国档案学共同体在学术研究中对一些热点内容的关注是非常有持续性的，这类词为论述方便，可将其简称为共有关键词；还有一些关键词为某两个时间段所共有，可将其简称为次共有关键词。

表5－3　《档案学通讯》三个时段共有关键词

关键词	档案工作			档案事业			档案信息			档案管理			档案利用			档案专业			企业档案		
排名	1	1	10	2	2	13	5	3	6	10	5	5	12	6	8	18	20	29	20	23	24
出现频率（次）	264	148	22	179	124	18	119	105	33	76	83	40	72	74	30	54	32	13	50	31	15
年均频率（次）	14.97			11.07			8.86			6.86			6.07			3.41			3.31		

表5－3显示,档案工作、档案事业、档案信息、档案管理、档案利用、档案专业、企业档案这7个关键词为三个时段相同的高频关键词,表明这7个主题是1987—2015年中国档案学共同体在学术研究中持续关注的热点问题。从排名来看,档案信息这一主题在三个时段的关注度有小幅度波动,档案管理和档案利用这两个主题在 TX 二时段、TX 三时段的关注度有较大幅度的提升,档案工作、档案事业、档案专业在 TX 二时段的关注度有较大幅度的下降,企业档案的关注度则有小幅度下降。从频率来看,7个关键词中关注度存在明显的两级分化现象,档案工作的关注度最高,按《档案学通讯》的发刊周期计算,每一期杂志至少有2篇稿件与该主题有关;档案事业次之,每一期杂志有近2篇稿件与之有关;档案专业和企业档案关注度相近,排名均靠后,每一期杂志有0.5篇学术论文与之相关;处于中间段的档案管理和档案利用关注度相近,档案信息稍高。

表5－4　《档案学通讯》三个时段次共有关键词

时间段	TX 一、二时段（数量：12）	TX 二、三时段（数量：4）	TX 一、三时段（数量：1）
关键词	国家档案局、科技档案、档案馆工作、进馆、文件材料、国家档案馆、档案史料、档案人员、档案资料、档案学研究、馆藏档案、《档案学通讯》	档案、档案学、电子文件管理、档案开放	档案教育

根据表 5-4 所示,TX 一时段和 TX 二时段的次共有关键词最多,有 12 个,如果加上 7 个三时段共有的关键词,这两个时段的关键词重合度可达 63.33%,这在一定程度上可反映出,中国档案学共同体在这两个时间段中,学术研究的关注重点和热点有较大的一致性。TX 二时段和 TX 三时段的次共有关键词有 4 个,其中有三个关键词在 TX 三时段的关注度均有较大幅度提升:档案从第 7 位上升到第 2 位,档案学从第 19 位上升到第 1 位,电子文件管理从第 21 位上升到第 7 位,这表明,中国档案学共同体对这三个主题的研究是有较大继承性和发展性的。TX 一时段和 TX 三时段的次共有关键词只有档案教育一个,但是其关注度却有较大提升,即从第 27 位上升到了第 15 位,说明档案教育问题在 2007—2015 年又重新获得了中国档案学共同体的关注,且关注度较强。

第二,特有关键词分析。

档案学术研究虽然是学者智慧的结晶,但是其内容本质上受到特定历史条件下社会环境的制约和影响,而且档案学术研究成果只有与一定历史阶段的档案学和档案工作的实际情况相符合才是有价值的。因此,在继承和发展之外,一定时间段的档案学术研究也有其特殊的内容。

表 5-5 《档案学通讯》三个时段特有关键词

时间段	TX 一时段(数量:10)	TX 二时段(数量:7)	TX 三时段(数量:18)
关键词	县档案馆、文书工作、编研工作、立档单位、档案内容、全宗、文书档案、集中统一管理、科技文件材料、编研成果	现行文件、档案学理论、国际档案大会、来源原则、文件中心、吴宝康、文件管理	电子文件、数字档案馆、档案馆、社会记忆、公共档案馆、档案网站、政府信息公开、信息服务、历史档案、档案信息资源、知识管理、电子政务、中国档案学、研究、信息资源、档案文献、档案文化、档案服务

从表 5-5 可以看出,TX 一时段特有的 10 个关键词均与实际的档案管理工作有关,其研究内容如果从科目的角度来看,均可归入《档案管理学》及衍生学科的内容范畴;TX 二时段特有的 7 个关键词则基本可划归为《档案

学概论》的内容范畴;与前两个时段相比,TX 三时段特有的关键词最多,达到 18 个,占其总数的 60%,即这一阶段新出现了 60% 的研究重点和热点内容。从关键词的内涵看,该时期中国档案学共同体的关注点趋于多元化发展,研究内容紧跟时代和科学技术发展的形式,中国档案学共同体在迎接网络化、信息化、数字化、社会化等时代潮流的过程中,做出了积极的、卓有成效的努力。与此同时,根据表 5-1,档案学是这一时间段最受关注的上题,且其山现频率远高于其他关键词,仅与排名第二位的关键词档案相比,就多出了 28 次。与 TX 二时段相比,其排位上升了 18 位之多。而在特有关键词中,中国档案学又占有较为重要的地位。这两个关键词的排名和变化情况一定程度上可以反映出,中国档案学共同体对学科发展规律的探索非常重视,这是(中国)档案学进一步发展的内在要求。

5.2.2.2 《档案学研究》1987—2015 年学术论文关键词比较分析

表 5-6 是《档案学研究》1987—1996 年、1997—2006 年、2007—2015 年三个时段所载学术论文排名前 30 位的关键词,论文表述时将分别以"YJ 一时段""YJ 二时段""YJ 三时段"代之。

表 5-6 《档案学研究》1987—2015 年所载学术论文排名前 30 位的关键词

1987—1996 年			1997—2006 年			2007—2015 年		
序号	关键词	出现频率(次)	序号	关键词	出现频率(次)	序号	关键词	出现频率(次)
1	档案工作	211	1	档案工作	92	1	档案	84
2	档案事业	189	2	档案	77	2	电子文件	55
3	国家档案局	178	3	档案事业	64	3	档案管理	46
4	档案信息	99	4	档案管理	55	4	档案工作	40
5	档案资料	84	5	国家档案局	54	5	数字档案馆	36
6	档案管理	82	6	档案信息	48	6	档案学	32
7	档案馆工作	80	7	档案学研究	43	7	档案馆	32

（续表）

1987—1996 年			1997—2006 年			2007—2015 年		
序号	关键词	出现频率（次）	序号	关键词	出现频率（次）	序号	关键词	出现频率（次）
8	进馆	74	8	档案利用	42	8	档案信息	27
9	档案史料	73	9	电子文件	33	9	公共档案馆	24
10	中国档案学会	67	10	档案馆	30	10	档案事业	24
11	档案利用	58	11	档案资料	30	11	档案利用	21
12	馆藏档案	54	12	档案人员	29	12	企业档案	21
13	档案保护技术	54	13	科技档案	27	13	政府信息公开	19
14	科技档案	51	14	档案学理论	27	14	电子档案	18
15	档案学研究	46	15	企业档案	27	15	档案信息化	17
16	国家档案馆	46	16	馆藏档案	25	16	档案网站	15
17	现代化管理	45	17	档案学	25	17	档案价值	13
18	档案人员	44	18	国家档案馆	25	18	保护	12
19	文件材料	44	19	档案学会	23	19	档案信息资源	12
20	全宗	42	20	进馆	22	20	云计算	11
21	县档案馆	40	21	文书工作	21	21	中国档案学会	11
22	编研工作	39	22	文件材料	20	22	档案数字化	11
23	企业档案	39	23	文书档案	20	23	档案保护	11
24	档案内容	36	24	全宗理论	20	24	信息化	11
25	市档案馆	36	25	中国档案学会	20	25	知识管理	11
26	档案专业	35	26	档案馆工作	19	26	档案资源	10
27	文书档案	30	27	国际档案大会	19	27	档案法	10
28	国际档案理事会	30	28	集中统一管理	18	28	档案文化	10
29	历史档案	30	29	管理	18	29	历史档案	9
30	案卷目录	29	30	电子政务	18	30	思考	9

第一，共有关键词分析。

以表5-6为依据，《档案学研究》三个时段共有的关键词如表5-7所示。

表5-7 《档案学研究》三个时段共有关键词

关键词	档案工作			档案事业			档案信息			档案管理			中国档案学会			档案利用			企业档案		
排名	1	1	4	2	3	10	4	6	8	6	4	3	10	25	21	11	8	11	23	15	12
出现频率（次）	211	92	40	189	64	24	99	48	27	82	55	46	67	20	11	58	42	21	39	27	21
年均频率（次）	11.83			9.55			6			6.31			3.38			4.17			3		

表5-7显示，《档案学研究》三个时段共有的关键词亦为7个。从排名来看，档案工作、档案事业、档案信息的关注度逐渐下降，其中档案事业在YJ三时段的关注度相较于YJ一、二时段下降幅度较大；档案管理和企业档案的关注度逐渐上升，其中企业档案在YJ二时段的关注度相较于一时段上升幅度较大；中国档案学会和档案利用的关注度有所波动，但是总体来看，中国档案学会在YJ二、三时段的关注度相较于一时段有较大幅度下降。从频率来看，档案工作、档案事业与中国档案学会、档案利用、企业档案亦呈现出明显的两级分化现象，处于中段的档案信息、档案管理则相差无几。

表5-8 《档案学研究》三个时段次共有关键词

时间段	YJ一、二时段（数量：11）	YJ二、三时段（数量：4）	YJ一、三时段（数量：1）
关键词	国家档案局、档案资料、档案馆工作、进馆、馆藏档案、科技档案、档案学研究、国家档案馆、档案人员、文件材料、文书档案	档案、电子文件、档案馆、档案学	历史档案

如表5-8所示，YJ一时段与二时段的重合度较大，加上7个共有关键词，重合度达60%；YJ二、三时段的次共有关键词中，电子文件和档案学两个关键词排名上升幅度较大；YJ一、三时段的次共有关键词只有一个——

历史档案,且排名一致。

第二,特有关键词分析。

《档案学研究》三个时段特有的关键词如表5-9所示。

表5-9 《档案学研究》三个时段特有关键词

时间段	YJ 一时段(数量:11)	YJ 二时段(数量:8)	YJ 三时段(数量:18)
关键词	档案史料、档案保护技术、现代化管理、全宗、县档案馆、编研工作、档案内容、市档案馆、档案专业、国际档案理事会、案卷目录	档案学理论、档案学会、文书工作、全宗理论、国际档案大会、集中统一管理、管理、电子政务	数字档案馆、公共档案馆、政府信息公开、电子档案、档案信息化、档案网站、档案价值、保护、档案信息资源、云计算、档案数字化、档案保护、信息化、知识管理、档案资源、档案法、档案文化、思考

如表5-9所示,YJ 一时段的关键词从内涵上讲较为偏向于业务性,YJ 二时段则较为偏向于理论性;YJ 三时段的特有关键词最多,与前两个时段相比,关键词的内涵更能体现出时代特色和社会环境的影响。

5.2.2.3 《档案学通讯》《档案学研究》1987—2015年学术论文关键词对比分析

第一,共有关键词对照分析。

从上文的统计表中可以看到,《档案学通讯》和《档案学研究》三个时段共有的关键词均为7个,列表如5-10所示。

表5-10 《档案学通讯》《档案学研究》三个时段共有关键词

期刊名称	关键词						
档案学通讯	档案工作	档案事业	档案信息	档案管理	档案利用	档案专业	企业档案
档案学研究	档案工作	档案事业	档案信息	档案管理	中国档案学会	档案利用	企业档案
年均频率排名	1/1	2/2	3/4	4/3	5/6	6/5	7

由表5-10可以看出,《档案学通讯》和《档案学研究》的7个共有关键

词中,有 6 个相同,且从年均频率排名来看,档案工作、档案事业、档案利用、企业档案这 4 个处于两级的关键词是相同的,处于中段的档案信息和档案管理稍有波动。其中,中国档案学会不是档案学专业术语。

表 5-11　《档案学通讯》《档案学研究》三个时段次共有关键词

时间段	一、二时段		二、三时段		一、三时段	
是否相同	相同	不同	相同	不同	相同	不同
关键词	国家档案局、科技档案、档案馆工作、进馆、文件材料、国家档案馆、档案人员、档案学研究、馆藏档案、档案资料	TX:档案史料、《档案学通讯》YJ:文书档案	档案、电子文件(管理)、档案学	TX:档案开放 YJ:档案馆	无	TX:档案教育 YJ:历史档案

从总体来看,《档案学通讯》和《档案学研究》三个时段的次共有关键词数量基本是相同的,只有一、二时段相差一个。如表 5-11 所示,《档案学通讯》和《档案学研究》一、二时段的次共有关键词有 10 个相同,换句话说,两家刊物总共 23 个关键词,其中有 20 个是相同的,重合度达 86.96%。在三个不同的关键词中,《档案学通讯》是期刊名称,非档案学专业术语。二、三时段两家期刊有 3 个次共有关键词相同,重合度为 75%。一、三时段两家期刊均只有 1 个次共有关键词,且两者不相同。

第二,时段关键词对照分析。

将《档案学通讯》和《档案学研究》三个时段同位对照,结果如表 5-12 所示。

根据表 5-12 可知,《档案学通讯》和《档案学研究》一时段相同的关键词有 23 个,重合度为 76.67%。在不同的关键词中,《档案学通讯》为期刊名称,中国档案学学会为主办单位,国际档案理事会为机构名称,较为特殊。而科技文件材料则可归入科技档案管理的范畴。二时段相同的关键词有

表 5－12　《档案学通讯》《档案学研究》三个时段关键词

时间段	一时段		二时段		三时段	
是否相同	相同(23)	不同	相同(21)	不同	相同(18)	不同
关键词	档案工作、档案事业、国家档案局、科技档案、档案信息、档案馆工作、进馆、文件材料、国家档案馆、档案管理、档案史料、档案利用、档案人员、档案资料、县档案馆、编研工作、档案专业、企业档案、档案内容、全宗、文书档案、档案学研究、馆藏档案	TX:文书工作、立档单位、集中统一管理、科技文件材料、档案教育、编研成果、《档案学通讯》YJ:中国档案学会、档案保护技术、现代化管理、市档案馆、国际档案理事会、历史档案、案卷目录	档案工作、档案事业、档案信息、国家档案局、档案管理、档案利用、档案、国家档案馆、档案人员、档案学理论、档案馆工作、国际档案大会、进馆、档案学研究、馆藏档案、档案学、电子文件(管理)、企业档案、档案资料、科技档案、文件材料	TX:现行文件、《档案学通讯》、来源原则、档案专业、档案史料、文件中心、吴宝康、档案开放、文件管理 YJ:档案馆、档案学会、文书工作、文书档案、全宗理论、中国档案学会、集中统一管理、管理、电子政务	档案学、档案、电子文件、数字档案馆、档案管理、档案信息、档案利用、档案馆、档案工作、公共档案馆、档案网站、政府信息公开、历史档案、档案信息资源、知识管理、企业档案、档案文化	TX:电子文件管理、社会记忆、档案教育、信息服务、电子政务、档案开放、中国档案学、研究、信息资源、档案文献、档案学专业、档案服务 YJ:电子档案、档案信息化、档案价值、保护、云计算、中国档案学会、档案数字化、档案保护、信息化、档案资源、档案法、思考

21 个,重合度为 70%;在不同的关键词中,《档案学通讯》、档案学会、中国档案学会如上所述不再赘述,管理一词不符合学术论文关键词的规范要求,现行文件、文件中心、文件管理、文书工作、文书档案其内涵基本一致,来源原则和全宗原则本质上属于同一研究主题。三时段相同的关键词有 18 个,重合度为 60%。在不同的关键词中,研究、保护、思考三个词不符合学术论文关键词的规范要求,电子文件管理和电子档案其内涵基本一致,信息服务、

信息资源、电子政务、档案信息化、云计算、档案数字化、信息化从内涵上将可归入档案信息化范畴。因此，如果除去特殊的和不符合学术规范的关键词，再考虑到关键词内涵上的相似性，在一定程度上可以说，《档案学通讯》和《档案学研究》的学术论文的研究内容基本一致。

5.2.2.4　中国档案学共同体学术研究内容的变化规律

《档案学通讯》《档案学研究》虽然在期刊级别、出版周期、部分栏目设置方面具有很大的相似性，但是两者的差别也是较为明显的。首先，从主办单位和期刊定位来看。《档案学通讯》是由中国人民大学信息资源管理学院主办的学术性刊物，主要定位是交流学术思想。《档案学研究》是面向中国档案学会会员和广大档案工作者的一本期刊，当然，促进中国档案学的学术研究和学术交流仍然是其当仁不让的历史重任。在一定程度上可以说，《档案学通讯》较偏向于理论，《档案学研究》较偏向于实践。其次，从栏目设置和发稿数量来看。由于期刊的栏目设置会有一些调整，此处仅以 2015 年出版的杂志为例。《档案学通讯》设置的栏目有 9 个，分别是本刊专稿、每期话题、理论纵横、公文研究、档案资源开发利用、档案管理现代化、博士文库、教与学、实践经纬。《档案学研究》设置的栏目有 11 个，分别是本刊特稿、基础理论研究、档案行政管理、档案法规标准、本刊连载、档案资源建设、档案资源开发、档案信息化、档案安全保障、人力资源建设、档案史料研究。从望文生义的角度来看，本刊专稿与本刊特稿相似，每期话题与本刊连载相似，理论纵横与基础理论研究相似，档案资源开发理论与档案资源建设＋档案资源开发相似，档案管理现代化与档案信息化相似。除此以外，《档案学通讯》的公文研究是其特色栏目，博士文库、教与学栏目则能充分体现其主办单位的性质和特点，实践经纬栏目外延稍大。《档案学研究》的档案行政管理、档案法规标准、档案安全保障、人力资源建设、档案史料研究等栏目则能充分体现出其偏向于档案工作实践的特点。《档案学通讯》每期的发稿量在 23 篇左右，《档案学研究》在 24 篇左右。

虽然两者的差别较大，但是从上文对两种期刊高频关键词的分析来看，两本杂志在学术论文的研究内容和现象规律等方面表现出了极大的相似性。由于两本杂志属于我国档案学领域为数不多的入选中文社会科学引文索引(CSSCI)的来源期刊,是中国档案学学术研究水平和研究活动的典型代表,因此,由此入手,分析中国档案学共同体学术研究内容的变化规律是一条较为可行的路径。

第一,研究内容的延续性。

与图书馆学、会计学等学科相似,档案学科在社会系统中对应于特定的职业——档案职业,因此,档案学是一门实践性较为突出的学科。时代在发展,社会环境也在不断地发生变化,档案管理实践亦在随之发生各种变化。在不同的时期,中国档案学共同体的学术研究有其不同的研究对象和内容。但是,通过上文分析可知,1987—2015 年中国档案学的关注焦点和关注重点虽然有很大变化,但是有一些研究内容却没有发生根本性变化,一直延续至今。

由表 5 - 10 可知,三个时间段共有的关键词有 6 个,分别是档案工作、档案事业、档案信息、档案管理、档案利用和企业档案。其中,档案工作、档案事业和档案管理是档案现象的基本标志词,档案信息是档案的核心组成要素,档案利用是档案和档案工作价值实现的根本途径,企业档案是一种重要的档案类型,并日益受到广泛重视。可以说,这 6 个关键词所包含的内涵是档案现象的基本体现,虽然在不同社会环境下其会呈现出一些新的变化和特点,但其基本内涵是不变的。如果将中国档案学的学术理论体系比喻为一座不断修建的大厦,这 6 个研究主题就是大厦的 6 根支柱,支柱会不断变大、变粗、变高,但不会倒下,否则整座大厦就会轰然倒塌。因此,只要中国档案学存在,其就会贯穿于其学术研究的始终,而且可以预见,在未来很长一段时间内,这 6 个研究主题依然会成为中国档案学共同体的关注热点和重点。

这一现象更深远的意义在于档案学术研究的本位性启示。档案学之所以能够独立于科学之林,根本原因在于其有特定的研究对象和研究内容。尤其是在档案学跨学科研究中,必须坚持以我为主、化客为我的原则,这才是真正、有效的拿来主义。就已有情况来看,到目前为止,中国档案学共同体的研究尚未出现同化或异化的情况。但是隐患的苗头已经有所显露：在6个共有关键词中，档案管理的关注度总体呈小幅度上升趋势，档案利用和企业档案的关注度有所起伏，档案工作、档案事业、档案信息的关注度则呈下降趋势，尤其是在第三时段的研究成果中，档案工作、档案事业的关注度下降得较为明显。此种情况要引起中国档案学共同体的警觉。

第二，研究内容的继承性。

除了有一脉相承的延续性研究内容之外，相邻时段的部分研究内容亦表现出明显的继承性，这就是上文次共有关键词的分析所揭示出来的规律。

由表5-11可以看出，相邻两个时段均有部分相同的关键词，一、二时段有10个，分别为国家档案局、科技档案、档案馆工作、进馆、文件材料、国家档案馆、档案人员、档案学研究、馆藏档案、档案资料。二、三时段有3个，分别为档案、电子文件（管理）、档案学。二、三时段相同的次共有关键词数量较少，主要原因在于第三时段的研究内容多样性较强，其特有关键词较多。关键词是研究主题的浓缩，关键词相同并不意味着研究内容的雷同，而是显示出研究主题的相似。同一研究主题在不同的时代条件和社会环境中会呈现出不同的现象和特点，因此针对其的研究内容亦是不同的。

任何学术研究均是在继承前人研究成果的基础上做出的。在特定的时间中，这种学术继承性可有更为清晰的展示，上述相同的次共有关键词就是中国档案学共同体在三个时段学术研究中学术继承的明显反映。但是，从表5-11亦可以看出，间隔的时间越长，研究内容的共性越少，如一、三时段相同的次共有关键词就非常少甚至没有。此外，在某一时间段，一些已经沉寂的主题会重获档案学共同体的关注，如档案教育和历史档案，这两个主题也是当前社会各界较为关注的主题。

这一现象更为深刻的启示在于，中国档案学共同体的学术研究活动虽然有自己的特点、有较强的独立性，但其根本上是受社会环境影响和制约的，这也正是科学社会学所倡导的理念。在一个相对稳定的社会环境中，学术研究的对象会有一些变化，但是这种变化是渐变而不是突变，因此，在相邻的时间段，中国档案学共同体的研究主题会呈现出部分相似性。而间隔的时间越长，变化就越明显，由此导致研究主题的相似性就会越小。进入信息化时代，社会环境正在经历一场激烈的、深层次的变革，这种情况反映在中国档案学共同体的学术研究成果中就是其研究主题的多样化、复杂化，可以说这是时代发展趋势使然，也是中国档案学与时俱进的体现。

第三，研究内容的创新性。

创新一词的外延较广，但其主旨所向还是在于前所未有的"新"。特定的历史阶段有特定的实际，因此中国档案学共同体的学术研究成果中，与其他时段相比，某一时段自然会有其特有的研究内容。这就是上文特有关键词的分析所揭示出来的规律。

结合表5-5和5-9可知，一时段和三时段的特有关键词较多，其中三时段尤甚，二时段特有关键词较少，体现出其明显的过渡性。从关键词的内涵看，一时段的特有关键词所涵盖的档案业务性的内容居多，二时段的则理论性研究较多。与一、二时段相比，三时段的特有关键词不仅数量多、而且内涵非常丰富，不仅融入了信息化、社会化等时代特色，也融入了社会学、管理学、计算机等跨学科元素明显展现出了一种新的气象。

这一现象更重要的意义在于，其展示出中国档案学共同体在三时段的学术研究进入了一个新的发展阶段，具体表现为：一是研究视角的多元化。根据表5-5和表5-9所示，2007年至2015年，中国档案学共同体在《档案学通讯》和《档案学研究》发表的学术论文中出现与跨学科研究相关的高频关键词有社会记忆、政府信息公开、知识管理、电子政务、信息服务、信息资源、云计算、信息化、知识管理、档案法、档案文化、历史档案等，涉及社会学、管理学、新闻传播学、法律学、信息管理学、计算机科学、历史学等众多学科的知识理论和视角方法。多学科视角的引入和广泛引用极大地促进了档案学理论思维和研究视角的创新，使得我国的档案学理论研究成果中出现了许多以往没有的新内容。二是研究内容的丰富性。与一、二时段相比，中国档案学三时段的研究内容得到了极大的丰富，涉及档案信息化、档案社会化服务利用、社会记忆、现代类型的档案馆建设、档案学科理论等多方面内容，与以往集中于具体的业务工作或某一具体理论相比,研究内容的广度方面有了巨大变化。

但与此同时,这种情形恰也是中国档案学仍处于前范式科学时期的明证。根据库恩的范式理论,进入常规科学时期的科学,其科学研究活动会有极大的收敛性,所有的科学研究都将在统一的科学范式的规范与指导之下开展。而在前范式科学时期,统一的科学范式尚未形成,众多的科学理论在激烈碰撞与竞争中发展,表现在科学研究的内容方面即是理论形态百花齐放的局面。但是,这一阶段恰恰也是科学发展历程中必经的关键阶段,是统一的科学范式形成的前奏。因此,对于中国档案学来说,当前的态势既是学科发展的必然,也是学科发展的重要关节点和机遇。对于中国档案学共同体而言,充分、合理地应用跨学科的研究视角和方法,完成学科理论的积淀和准备,为档案学理论的质变创造条件是当务之急。

第四,研究层次的上升性。

首先,从三个时段关键词所包含的内涵比较中可以看出,一时段的研究主要集中在具体的档案业务工作方面,二时段的研究则对某些具体的理论如来源原则、全宗理论等展开了深入研究,三时段的研究内容较为多元,但是其中出现了中国档案学这一关键词,说明中国档案学共同体开始重视对学科理论和发展规律的探索和研究。一门学科的发展需遵循一定的科学发展规律,这与职业发展规律是有本质不同的。档案学科和档案职业虽然相辅相成,但是两者是有巨人区别的。根据范式理论的启示,科学化和专业化是学科发展的整体趋势。由于主客观条件的不同,中国档案学亦有其自身的发展规律。中国档案学共同体对我国档案学科理论和规律的关注,表明其研究视角开始由现象研究转向规律探索、由形而下转向形而上,研究深度有了很大变化,是档案学研究科学化和专业化的重要表现。

其次,中国档案学在三时段的研究更加注重社会化发展,研究内容中不仅融入了信息化、网络化等时代发展元素,而且非常重视对社会记忆、档案社会化服务等主动服务于社会的相关内容的研究。根据科学社会学的理论,作为一种社会体制,中国档案学既是社会体系的有机组成部分,其发展又不可避免地要受到各种社会因素的制约和影响。但是,科学体制是一种开放的体制,科学亦会对社会体系产生巨大的影响。中国档案学在自身发展的同时,也在不断地扩展着自己的社会影响力,并通过档案学科和档案职业在一定范围内发挥着重塑社会的功能。

基于以上分析,与前20年相比,中国档案学共同体近10年的研究业已提升了一个台阶,中国档案学正在以一种全新的面貌走在新世纪的深入发展之路上。

但是不可否认,从前文的分析中也可发现一丝隐忧,如果不甚注意,可能会对中国档案学共同体的研究活动带来不利影响。

其一,学术规范问题。

从表5-2和表5-6可以发现,在《档案学通讯》和《档案学研究》的相应统计时段内,出现了研究、管理、思考、保护等四个明显不符合学术规范的关键词,一方面这些关键词出现的频率较高,分别为15次、18次、9次、12次,说明这种学术不规范的现象并非极个别现象;另一方面,在三时段就出现了其中的三个——思考、保护和研究,因此尤其要引起中国档案学共同体的警示。

《档案学通讯》2015年第3期刊发了编辑部责任编辑张全海撰写的卷首语——《谈谈"摘要"和"关键词"》,文章指出在其入职5年来所处理的稿件中,原始稿件的摘要和关键词直接可用的只有十之一二。[①] 这样一个基本的学术规范问题竟然惹得一向温文尔雅的期刊编辑大动肝火、不得不谈,说明其确实严重到迫切需要解决的地步了。

如果说关键词不合规范的问题只关乎学术素质不关乎学术品格的话,那么由此引申而来的学术失范问题就成为阻碍档案学术进步的重要因素了,其折射出的是相关学者学术品格的问题,甚至是学术研究底线的问题。当前,在我国档案学术研究中学术失范现象较为严重的表现有:一是学术抄袭。虽然这一问题已然引起了社会各界的关注和重视,一些档案学专业

---

① 张全海. 谈谈"摘要"和"关键词"[J]. 档案学通讯,2015(3):1.

期刊如《档案学通讯》《档案管理》等购买了专门的论文检测软件进行查重，但学术抄袭仍然大行其道，许多不良的作者甚至有全文抄袭的剽窃行为。二是一稿多投。一稿多投极易产生一稿多发的后果，档案学专业期刊最主要的录用标准还在于论文的质量，论文的质量不高，作者投再多的期刊也是白费力气，而如果论文的质量较高，则被所投的各家期刊录用的可能性就较大。档案学专业期刊数量本来就极少，版面亦非常有限，一稿多发则会造成宝贵版面资源的极大浪费，因此这种现象为杂志社所深恶痛绝。以上两种学术失范现象对档案学术研究百害而无一利，这也是本书极力主张应对中国档案学共同体的条件有所限制的重要原因。

其二，研究平衡问题。

前文的计量分析亦发现另一种现象，即两级分化问题。从出现频率来看，表5-3和表5-7的分析揭示了在《档案学通讯》《档案学研究》三时段共有关键词中的两级分化现象。再以表5-3中的三时段为例。出现频率在10～19次的关键词有19个，20～29、30～39次的各3个，40～49次的2个，50～59、60～69次的各1个，剩下的1个关键词出现频次最高为90次。最高频次与最低频次之比达7.5：1，而且出现频次越高关键词数量也越少。高频关键词尚且如此，如果将低频关键词也计入，两级分化会更大。

此现象折射出的问题是中国档案学共同体研究力量过分集中于某一个或几个研究主题，导致其他主题的研究力量过于薄弱。当前，中国档案学共同体的总体规模较小，尤其是高水平学者群体即中国档案学无形学院的规模过小。而中国档案学目前正处于学术积淀的关键时期，需要在各个方向上较为全面的发展，才能够奠定厚基础，才能够积累进一步发展的资本。目前，中国档案学共同体研究力量过分集中的现象并不是理论体系本身的张力吸引所造成的，即并不是理论体系之间通过激烈竞争孕育范式的正常科学现象，而是一味追求利益甚至是盲目跟风等原因造成的非正常学术现象。这种现象极易造成较为严重的后果，即某些具有重大意义的研究主题由于不能够立刻产生既得利益而少有人乃至没有人研究,最终销声匿迹。曾经盛极一时的科技档案管理研究如今却衰落如此,是一、二时段的高频关键词但在三时段却杳无踪影,甚至科技档案管理学这门非常重要的分支学科都面临凋敝的命运,这一现象还不能够使中国档案学共同体警醒吗? 更令笔者后怕的是,档案史、档案保护技术学亦有可能遭此厄运。

6 基于中国档案学共同体的 档案学发展空间再寻找

中国档案学共同体是中国档案学发展的主体和核心,也应成为中国档案学学术研究的重要范畴之一。同时,对中国档案学共同体的研究也可为中国档案学发展规律的探索开辟一条科学、合理的路径。作为科学体系的有机组成部分,中国档案学的存在和发展有赖于其功能的实现程度,而其中,中国档案学共同体是主导力量,其行为规范则是最基本的保障因素。

中国档案学发展进步的外在表现是新档案现象的发现以及新档案学理论的发明,内在动力是中国档案学共同体创新性思维和研究活动的持续开展,发展目标是使发现的新档案现象和发明的新档案学理论更好地表现或接近一定历史阶段的档案现象及其本质和规律的真相。

6.1 中国档案学的功能与实现

6.1.1 分析背景——科学学的求索历程

产生于 19 世纪 40 年代的科学学是一种专门以科学为主要研究对象的学科,它的主要任务在于回答两个问题:什么是科学? 科学有何特征及发展规律? 因此,换一种角度看,科学学的发展历程也在一定程度上展现了人们对"什么是科学""科学有何特征及发展规律"这两个问题的认识过程。

纵向来看,人们对"科学是什么"这一问题的认识经历了四个层次,这自然主要归功于科学学的发展和进步。

第一个层次——科学是一种知识。

20 世纪英国的著名科学史家 W. C. 丹皮尔(W. C. Dampier)指出："在我们看来,科学可以说是关于自然现象的有条理的知识,可以说是对于表达自然现象的各种概念之间的关系的理性研究。"①《科学史》被誉为无法回避的科学史经典名作,丹皮尔对科学的这一看法是西方社会对科学早期认识的典型代表。细嚼可知,这种看法包含了两层含义:第一,其时的科学主要指自然科学;第二,丹皮尔所说的科学知识不是柏拉图视野中的被验证过的、正确的且被人们相信的广义的知识,"而是系统化的、有条理的、说明自然规律的理性知识,要得到这种知识必须使用特殊的方法和逻辑手段。"②著名科学史家乔治·萨顿(George Sarton)在其出版于 1930 年的代表性著作《科学史和新人文主义》中亦持类似的看法:"科学是自然界的一面镜子,自然界是和谐的,我们自然期望科学也是如此。"③ 我国的早期认识也与此类似。典型代表就是 1936 年版的《辞海》中关于科学的释义:"广义,凡有组织有系统之知识均可称之为科学;狭义,则专指自然科学。"④

第二个层次——科学是科学家开展科学活动的产物。

20 世纪中期,科学学的发展产生了新动向,主要推手就是在批判现代逻辑实证主义基础上产生的一系列西方后现代主义科学哲学思潮,其中影响较广的主要有三种:以卡尔·波普尔(Karl Popper)为代表的科学证伪主义、以库恩为代表的科学历史主义和以费耶阿本德(Feyerabend)为代表的科学多元主义。

形成于 20 世纪 20 年代并在随后 30 年主导西方科学哲学界的现代逻辑实证主义科学观认为,科学与非科学的界限在于可证实性。

与现代逻辑实证主义科学观不同,英国杰出的科学哲学家和社会哲学家卡尔·波普尔认为,科学与非科学的划界标准不是可证实性而是可证伪性,即只有可证伪的知识才是科学的知识。为了对可证伪性进行定

① 丹皮尔.科学史[M].李珩,译.北京:中国人民大学出版社,2010:1.
② 刘珺珺.科学社会学[M].上海:上海科技教育出版社,2009:1.
③ 萨顿.科学史和新人文主义[M].陈恒六,等译.北京:华夏出版社,1989:32.
④ 舒新城.辞海[M].上海:中华书局,1936.

量研究,他还引入了可证伪度的概念。波普尔认为,科学的本质在于批判,科学的发展在于不断推翻旧理论、作出新发现,而科学发现则是科学家在科学理性的主导下不断作出假说、假说不断遭到批判的过程。由此他提出了著名的科学方法论图式:发现问题—常识性解决问题—排除错误—发现新的问题。

库恩则认为,科学是范式转换的过程,科学需经历前科学时期、常规科学时期、科学革命时期、新的常规科学时期……的动态发展模式,其内在推动力是科学共同体与范式的相互作用。在常规科学与科学革命的交替过程中,科学发展呈现出的是一种间断式累积性进步过程。在此过程中,科学发展不朝向任何目标,即不以追求真理为目标,而是使科学发现及科学理论能够更好地表现或接近自然界的真相。库恩的范式理论虽然以自然科学为主要研究对象,但是其本人亦承认在少数社会科学如经济学、心理学等学科中业已出现了范式,即这些学科已发展成为库恩眼中的科学了。其他社会科学虽然尚未形成范式,但不代表今后不会形成范式。库恩亦多次强调,其科学共同体概念本来就是社会学的内容。如此一来,库恩在某种程度上就打破了自然科学与社会科学的严格界限,实质上是将社会科学也纳入了科学哲学的研究范畴。值得关注的是,科学共同体的概念虽不是库恩的首创,但是其理念却随着范式理论的广泛传播为世人所熟知。同时,库恩的科学共同体理念本身就具备了较为完善的体系结构,以致其成为日后主导西方科学学界的科学社会学的重要思想来源之一。

奥地利裔美籍著名科学哲学家费耶阿本德在批判逻辑经验主义和理性主义科学观的基础上,形成了自己的多元主义方法论,即在科学活动中科学家用什么方法都行。费耶阿本德应用无政府主义的理念研究科学与其他知识及社会现象的关系,提倡一种宽容、民主的科学精神和能动的科学实践观。随着其科学观的发展,费耶阿本德的观点趋于极端和非理性主义,以致其什么都行的多元主义方法论被许多科学家批评为什么都不行。

第三个层次——科学是一种社会体制。

出现于二十世纪三十年代后期,到六七十年代发展成熟并影响至今的科学社会学反映了人们对科学认识的新转向。科学社会学是对科学的社会学考察,以默顿及其学派为代表。他们把科学作为一种社会体制来考察,抛开了科学知识的范畴,专注于从事科学活动的人,其中尤将科学共同体的社会关系、内部结构、行为规范、交流体制、奖励制度等方面的问题作为主要研究内容。科学社会主义的奠基人、美国著名的社会学家默顿认为,作为一种社会体制,科学在社会发展和社会生活中发挥着重大作用,但与此同时,科学本身也受到了政治、经济、社会、文化等各方面因素的制约和影响。默顿将科学视为社会的一个子系统,对科学内部的现象做了社会学探讨,并重点研究了科学的精神气质与科学共同体的关系问题。此外,以色列的本-戴维运用历史分析方法研究各种学术组织和科学发展的关系问题,美国的普赖斯应用科学计量学方法研究科学共同体问题。

虽然在默顿等科学社会学家的具体研究过程中,所分析的对象、援引的案例基本上是自然科学的各门学科和相关实例,但是,因为科学社会学将科学当做一种社会体制来研究,所以其实际上是将社会科学、人文科学等软科学均纳入了科学的行列。

第四个层次——科学知识是由社会建构的。

兴起于 20 世纪 70 年代的科学知识社会学是在批判性继承以默顿为代表的传统科学社会学和正统的科学哲学传统的基础上发展而来的一种科学理论体系,虽然从本质上来讲,它仍属于科学社会学的范畴,但是从理论内涵上讲,它是与默顿传统迥然不同的、新的科学社会学理论体系,代表着人类对科学及其发展规律的认识又迈上了一个新台阶。

默顿传统将科学视为科学建制,并试图从总体上对科学的社会结构和社会状态等进行研究。而科学知识社会学则打破了默顿传统的局限,从认识论的角度对科学知识进行专门、深入的考察。具体而言,科学知识社会学认为科学知识是由社会建构的,所有知识都包含着某种永远无法消除或超越的社会维度。因此,其是将科学知识作为一种社会现象、用社会学的视角和方法来研究科学知识的一种理论体系,是对包含科学知识在内的所有的知识的产生原因进行社会学说明的一种理论趋向。从研究内容来看,科学知识社会学可分为两种进路：一种聚焦于科学知识与政治、经济、文化等宏观社会变量之间的关系，一种则聚焦于科学家怎样从事和谈论科学。

科学知识社会学的产生引起了人类看待科学方式上的一场变革，并开辟了科技人类学的新研究领域，对科学学尤其是科学社会学的发展起到了很大的促进作用。

6.1.2 前提论证——中国档案学与科学的关系阐释

中国档案学与科学的关系问题可分为两个子问题：中国档案学的学科定位问题，以及在人类对科学认识发展过程中，中国档案学在具体语境下的定位描述。

第一，中国档案学的学科定位。

中国档案学的学科定位问题亦可分为两个子问题：中国档案学是不是科学？中国档案学是一种什么性质的科学？这两个问题曾引起过我国档案学者的激烈争论，当前较为广泛的共识性认识是：中国档案学作为一门独立的科学学科已成为客观事实，具体而言其属于社会科学的一种。

第二，在人类对科学认识发展过程中，中国档案学具体语境下的定位阐述。

从发展历史看，科学学的主要研究对象是自然科学，尤其是在传统的科学史、科学哲学的科学观中，科学的范围仅局限于"硬科学"——自然科学。即便是在今天，社会科学、人文科学已经成为科学的重要组成部分而屹立于科学之林，依然有许多的社会科学家、人文科学家在各自学科的具体研究过程中，面对科学学理论时底气不足。这种科学观甚至在部分现代人的观念中根深蒂固，即其认为只有自然科学才能称得上真正的科学，社会科学和人文科学则不属于科学。

纵观科学学的发展，依据其对主体——人的作用和功能的不同认识，其科学观大致可分为两个阶段：一是将科学看做是自然界的反映和规律再现。在这种科学观下，科学的主要目的是追求真理，即努力使科学知识符合自然现象和自然规律,科学研究主要表现为对象研究,科学家在科学发展中所起的作用主要表现为工具性作用,影响和决定科学发展的主要是自然因素等外在因素,早期的科学史和科学哲学基本上是这种科学观的反映,此时期的科学学研究也被称之为"外史"研究。二是将科学看作是科学主体的活动产物和社会化的过程。库恩的科学观具有承上启下的作用。他认为,科学是科学家群体的事业,强调科学共同体在科学活动中的主体地位和科学功能,并认为科学共同体要受到各种社会因素的影响。因此,库恩的科学观是将科学的"外史"研究和"内史"研究打通结合的一种全新的科学哲学观。默顿传统在继承和发扬库恩科学观的基础上有所突破和创新,其将科学视为社会体系的重要组成部分,将科学看作一种社会建制,并以此为逻辑起点,将研究焦点集中于科学共同体的社会活动、社会影响因素,通过各种方法具体对科学共同体的科学精神、科学交流、科学奖励等内容展开全面、系统的研究,最终建立起了科学社会学的理论体系。如果说库恩只是初步打破了自然科学和社会科学、人文科学的严格界限,并把少数社会科学纳入科学的范畴,那么默顿学派则是将社会科学、人文科学完全融入了科学,作为其重要的组成部分加以研究。科学知识社会学则突破了默顿传统的局限,进一步将研究范围缩小至科学知识的成因等内容,认为科学知识是由社会建构的,科学家、科学共同体则是这种社会建构过程的主导,在此过程中科学对社会的影响不断扩大,同时其也受到各种社会因素愈来愈显著的影响。在具体的研究过程中,科学知识社会学家不仅将实验室研究、自反性研究、谈话分析研究、科学争论研究等作为重要内容,还专门建立起了科技人类学的理论体系,其对科学主体的认识也达到了一个新的高度。

从库恩哲学到默顿传统,再到科学知识社会学,人们对科学的认识发生了变化,同时科学本身的内涵和外延也在变化。如今,人们对科学的认识已逐渐摆脱了狭义范畴,转向广义范畴,自然科学、社会科学、人文科学均是科学的一部分。因此,当前的问题不再是踌躇于中国档案学是否属于科学的问题,而是是否堂堂正正地应用相关的科学学理论和方法对中国档案学的学科规律展开实实在在的研究、并取得成果多少的问题。

库恩范式理论语境下的中国档案学的跨学科研究,笔者较为赞同孙大东的观点,即认为当前的中国档案学尚未形成范式,尚处于前科学时期,学科范式正在形成过程之中。① 而在此语境下,较为符合本节主旨且极具借鉴意义的是库恩的科学进步观。库恩的科学进步观是与传统的真理观大异其趣的科学观,更为重要的是,他的这种进步观可将社会科学、人文科学纳入其中。

相较科学知识社会学而言,默顿传统的科学社会学是一种宏观的研究,旨在通过分析科学共同体的基本状况、运行规律等问题探索和解释科学发展规律。借鉴默顿传统的科学社会学,对档案学共同体开展深入、全面的研究不仅是学科发展、档案学共同体本身发展的内在需要,也是时代发展给出的新课题。当前,我国已经出现的针对档案学人、档案学共同体的研究成果较少,如前统计,仅有 18 篇期刊论文、9 篇学位论文和 6 本图书,6 本图书中档案学人、档案学共同体均是部分涉及,且其中 5 本是在博士学位论文的基础上出版的。应用默顿传统的科学共同体理论研究中国档案学共同体的研究成果更是凤毛麟角。根据默顿传统的科学社会学理论,当代中国档案学已经发展成为了一种社会建制,其中,中国档案学共同体是这种社会建制的主体因素。中国档案学共同体在追求自身生存和发展权利的同时,也通过创新性的学术研究活动推动着中国档案学的发展,使其在社会体系中的作用和影响愈加扩大。

科学知识社会学是专门针对科学知识成因的中观研究,在众多科学知识的成因中,科学家和科学共同体是其中最为重要的因素,而社会因素亦在科学知识的生产过程中发挥着重要作用。科学知识社会学虽然在某些思想方面存在片面性、极端性缺陷,但是它为世人提供了重新认识和理解科学的独特的思维维度,在国内外产生了很大影响。根据科学知识社会学的理论并祛除其缺陷因素,中国档案学的理论知识是处于一定社会环境之中的中

① 孙大东.基于范式论批判的中国档案学发展研究[D].北京:中国人民大学,2015:83.

国档案学共同体通过专业论文、专业书籍等媒介建构出来,档案学专业论文和专业书籍本身就是一种建构的结果。在中国档案学共同体的学术活动中,存在政治、经济、文化、教育等诸多社会影响因素。建构出来的中国档案学的理论知识并非是绝对正确和普遍有效的真理,而本质上是不同心理条件下的中国档案学共同体对存在于一定社会环境条件下的档案现象及其本质和规律产生的不同认识和信念。中国档案学不应且不能与其他文化领域割裂,相反,中国档案学研究的重点内容之一应该是档案学人、档案学共同体如何受大的社会环境的影响,并努力说明中国档案学的学术文化成果与其他社会领域之间的复杂关系。

6.1.3 基本功能——社会体制的中国档案学

微观层次上,中国档案学是作为一门学科存在的;中观层次上,中国档案学是科学的一个门类,是一种学术体系;宏观层次上,中国档案学是社会体制的一个有机组成部分。因此,中国档案学的基本功能可分为三个层次。

第一,学科功能。

中国档案学的学科功能主要包括两个方面。

一是档案学理论知识的构建,主要体现为新档案现象的发现、新档案学理论的发明两个方面,这两个方面既相辅相成,也可以相对独立。随着社会环境的变化,新的档案现象会不断出现,此时,中国档案学共同体成员需要有一双善于发现的眼睛去用心发现,才能捕捉到新的档案现象并将之升华为新的档案学理论。最为典型的就是 20 世纪末我国部分档案学者对电子文件现象的敏锐把握和理论研究,由此开创了中国档案学研究的一个新领域。但是,新档案现象的发现与新档案学理论的发明就档案学共同体而言其运作机理是不同的。前者主要是对表象的认识,而后者则主要是对本质的把握。相对而言,后者需要档案学共同体在较高理论素养的基础上,综合运用较为复杂的思维方式才能够完成升华,因此对档案学共同体成员的要求更高。再者,两者的成果表现形式亦有区别,亦可相互独立存在。如当前,学界通常将档案学理论大致分为档案学基础理论、档案学应用理论和档案学技术理论。

二是档案学理论知识功能的发挥。档案学术研究的目标是使新档案现象和新档案学理论能够更好地表现或接近一定历史阶段、一定社会环境中的档案现象及其本质和规律的真相。档案现象是随着社会发展而不断变化的,在不同的历史阶段,由于社会条件的不同,档案现象及与其相应的本质和规律是不同的;即便是在同一历史阶段,不同的地域甚至是不同的档案部门,由于社会条件的不同,档案现象亦是不同的。新是相对而言的,此历史阶段或此社会条件下的发现和发明或许可以较好地解释相应的档案现象,揭示相应的本质和规律,但是历史是要滚滚前进的,社会环境亦是不断变化甚至是会产生革命性改变的,因此,创新性思维和能力应是中国档案学共同体成员所必须具备的素质和能力。规律虽是客观的,但是探索规律的主要目的在于利用规律,在于能动地利用规律来改造自然、改造社会。无论档案现象的形式如何不同,档案学理论知识通过探索和发现规律并最终为改造自然和社会提供科学依据的功能是不变的。

第二,科学功能。

中国档案学的科学功能是学科功能的扩展和延伸,主要包括三个方面。

一是通过构建本学科的理论知识体系,促进科学知识的增长。纵观科学学对科学的认识历程,本质上都是将科学的发展视为科学知识的增长,虽然对其增长的模式及其各影响因素功能等的认识有所差别。因此,作为科学的一个门类,中国档案学首要和主要的科学功能在于推动科学知识的增长,这种增长并不是漫无目的的增长,具体可体现在两个方面:第一,随着中国档案学本身的发展,通过构建本学科的理论知识体系,直接促进科学知识的增长;第二,在本学科理论知识体系的基础上,通过倡导和坚守中国档案学的理念和模式影响其他学科,从而间接促进科学知识的增长。

二是通过实现档案学理论知识的目标,增强人类对客观现象及其本质和规律的真相的把握。在不断地发现新档案现象、发明新档案学理论的过程中,对档案现象及其本质和规律的认知亦在随之不断推进。档案现象及其本质和规律属于客观自然和人类社会的有机组成部分,随着档案学理论的输出,其他学科和科学领域亦可通过档案学的理论达到其对自然和社会相关现象及其本质和规律的真相的把握。

三是通过发挥档案学理论知识的功能,提升人类利用科学规律能动地改造自然和社会的能力。档案学的理论知识来源于档案实践工作,亦需在档案实践中去检验并通过指导具体的档案实践工作而发挥其功能,在此过程中,档案学理论知识内化为人类的能力,并最终通过其能动地改造自然和社会的实践活动体现出来。

胡鸿杰认为,中国档案学对科学理论体系的最大贡献在于其"在对社会问题的捕捉和发现、核心内容的建构以及学科的形成过程中的确存在一些'既可以依次丰富自己,又可以凭此明示他人'的东西"。① 胡鸿杰明确提出了中国档案学在科学层面的功能和价值,并展开深入研究,体现出了其高瞻远瞩的理论视野和突破创新的理论勇气,但是其将之归结为一种被动的效应是值得商榷的。作为科学的一分子,中国档案学有义务也有责任承担起科学发展相应的重任,并需积极主动地为履行这项重任展开行动,包括科学地构建学科体系、建构科学的理论知识体系和主动地将之与实践相结合等。

第三,社会功能。

中国档案学的社会功能是其作为社会体系的组成部分所应具备的改造社会的能力,此功能的发挥也应是积极主动的,而不是被动的。中国档案学的社会功能主要包括两个方面。

一是通过自身的发展扩展其在社会体系中的影响力,从而在一定范围内达到重塑社会的功能。作为社会体系的一部分,中国档案学不可避免地要受到各种社会因素的影响,但同时其也在不断地对社会产生影响。第一,中国档案学社会体制的运行和理论功能的发挥可对社会产生直接的影响;

---

① 胡鸿杰.化腐朽为神奇——中国档案学评析[M].上海:上海世界图书出版公司,2010:163.

第二,社会档案意识的提高可影响人类的社会行为,从而对社会产生间接的影响。影响越大,重塑社会的范围和力度就越大。

二是通过自身的理论知识体系推动社会实践的发展。胡鸿杰指出:中国档案学"更重要的价值在于通过自身的理论及其功能,推动社会实践的发展"①,对此笔者深为赞同。在微观层面,中国档案学的理论知识可以为档案实践活动提供理论指导,其理论知识体系本身又是对管理理论的丰富和完善;在中观层面,通过在科技、生产领域的广泛应用,中国档案学的理论知识可通过理论指导功能的发挥直接推动相关科技活动和生产实践活动的发展;在宏观层面,档案文化在社会各领域的传播和应用,可对社会实践活动产生广泛而深刻的影响。

6.1.4 功能实现——中国档案学共同体的学术活动

中国档案学基本功能的实现要受到很多因素的影响,尤其是在社会体制化发展的今天。但是,中国档案学共同体的学术活动是其中的主导因素。

第一,学术生产活动。

学术生产活动在中国档案学功能实现中的作用主要是通过学术产出体现出来的。"所谓学术产出,主要是在基础研究和应用研究领域以高校和其他研究机构为研究主体的研究产出,一般不覆盖企业在技术开发领域的成就。"② 中国档案学共同体的学术产出即其研究产出,主要包括发表的学术论文和出版的专业书籍等。

笔者仅以"档案"和"电子文件"为关键词在中国知网中展开精确检索,时间限定于 1985—2014 年,检索时间为 2015 年 10 月 3 日,共计获得 223 137 篇文献,平均每年产出学术文献 7 437.9 篇。

---

① 胡鸿杰. 化腐朽为神奇——中国档案学评析[M]. 上海:上海世界图书出版公司, 2010:163.

② 阎光才. 精神的放牧与规训:学术活动的制度化与学术人的生态[M]. 北京:教育科学出版社,2011:174.

自 1982 年成立到 2010 年末停办的 28 年间,中国档案出版社一直是我国档案学专业书籍的主要出版发行机构。据统计,仅在 1998—2007 年的 10 年间,中国档案出版社共计出版发行档案学专业书籍 163 种,平均每年出版发行 16.3 种。中国档案出版社停办之后,中国出版集团世界图书出版上海有限公司又接起了大旗,成为我国档案学专业书籍出版发行的主要机构。表 6-1 是该公司 2010 年至 2014 年 12 月出版发行的档案学专业书籍。此表是根据《档案学通讯》2014 年第 6 期《世界图书出版上海有限公司档案学专业图书推荐书目》制作,删除了其中的图书馆学、情报学方面书籍,增加了"出版年份"和"类型"项。根据表 6-1 可知,2010—2014 年,世界图书出版上海有限公司共出版发行档案学专业书籍 48 种,平均每年出版发行 9.6 种。从表 6-2 的年度分布来看,2010—2013 年出版数量较多,均达到了 10 种以上,2014 年明显放缓。从表 6-3 的类型分布来看,其中学术类著作有 38 种,占总数的 79.17%,而中国档案出版社 1998—2007 年的学术类著作有 22 种,仅占总数的 13.5%。学术类著作的大量出现为档案学术交流的开展提供了"硬通货"。通过咨询世界图书出版上海有限公司相关负责人得知,该公司的学术编辑部中设有信息资源类的专有产品线,主要负责扩大稿源,出版合适的图情档等方面的图书。近年来,该公司通过在《档案学通讯》杂志上刊登广告、在《上海档案》上刊登书讯、广泛参加各种专业会议等途径,极大地扩展了稿源。截至 2015 年,该公司出版的图情档等专业性图书的品种数量和市场占有率在全国各类出版社中均占第一。世界图书出版上海有限公司的努力亦为我国档案学学术产出提供了一个稳定、可靠的平台。

表 6-1　世界图书出版上海有限公司 2010—2014 年出版发行的档案学专业书籍目录

序号	作者	著作名	出版年份	类型
1	胡鸿杰	化腐朽为神奇——中国档案学评析	2010	学术著作
2	孟祥宏	电子政务信息安全互动策略研究	2010	学术著作
3	孙爱萍	北京档案信息资源管理理论与实践新探	2010	学术著作

（续表）

序号	作者	著作名	出版年份	类型
4	郭亚军	基于用户信息需求的数字出版模式	2010	学术著作
5	陈祖芬	档案学范式的历史演进及未来发展	2010	学术著作
6	覃兆刿	企业档案的价值与管理规范	2010	学术著作
7	迪莉娅	欧盟电子政务政策制定与实施机制研究	2010	学术著作
8	任越	基于主体认识视角的当代中国档案学术研究	2010	学术著作
9	李泽锋	基于OAIS电子文件管理系统体系研究	2010	学术著作
10	潘玉民等	新契机：转型中的档案工作研究	2010	会议论文集
11	冯湘君	档案管理视角下个人信用信息有效性保障研究	2010	学术著作
12	张全海	世系谱牒与族群认同	2010	学术著作
13	罗军	中国档案管理体制改革研究	2011	学术著作
14	谈志兴等	挑战·机遇·探索——第四届"3＋1档案论坛"论文集	2011	会议论文集
15	唐思慧	电子政务信息公平研究	2011	学术著作
16	钟瑛	政府公共服务标准体系研究	2011	学术著作
17	丁华东	档案学理论范式研究	2011	学术著作
18	杨永和	回眸与展望——档案馆发展的经验、方向与对策	2011	会议论文集
19	李扬新	档案公共服务政策研究	2011	学术著作
20	谢永宪	数字资源长期保存研究	2011	学术著作
21	朱雪宁	国内信息资源市场政府监管研究	2011	学术著作
22	张会超	民国时期明清档案整理研究	2011	学术著作

（续表）

序号	作者	著作名	出版年份	类型
23	李永贞	清朝则例编纂研究	2012	学术著作
24	杨安莲	军队电子文件管理战略研究	2012	学术著作
25	张健	电子文件信息安全管理研究	2012	学术著作
26	严永官	档案专业写作导论	2012	教材
27	吕元智	政府信息资源管理绩效评估研究	2012	学术著作
28	范世清	挖掘媒体资源富矿——基于传媒主体的新闻信息资源利用研究	2012	学术著作
29	王改娇	公民利用档案权利研究	2012	学术著作
30	向立文	电子政务环境下政府应急管理机制研究	2012	学术著作
31	胡鸿杰	写在学问边上	2012	个人文集
32	赵彦昌	中国档案史研究史	2012	学术著作
33	周林兴	公共档案馆管理研究	2012	学术著作
34	赵彦昌	满文档案研究	2012	学术著作
35	陈忠海	档案法立法研究	2013	学术著作
36	金波等	图书情报档案理论与实践研究	2013	研究生论文集
37	赵屹	数字时代的文件与档案管理	2013	学术著作
38	《档案学通讯》杂志社	档案学经典著作（第一卷）	2013	丛书
39	《档案学通讯》杂志社	档案学经典著作（第二卷）	2013	丛书
40	薛四新	云计算环境下电子文件管理的实现机理	2013	学术著作
41	吕元智等	新起点 新契机 新发展——第五届"3＋1"档案论坛论文集	2013	会议论文集

（续表）

序号	作者	著作名	出版年份	类型
42	金波等	新趋势 新思维 新途径——数字时代的档案工作	2013	会议论文集
43	孙明慧	媒体新闻信息资源利用论	2013	学术著作
44	蒋卫荣	档案法的理论与实践	2013	学术著作
45	陈晓晖等	档案网站建设	2013	学术著作
46	徐欣云	档案"泛化"现象研究	2014	学术著作
47	连志英	公民获取政府电子文件信息权利保障研究	2014	学术著作
48	李园园	信息安全价值研究	2014	学术著作

表 6-2 世界图书出版上海有限公司 2010—2014 年出版发行的档案学专业书籍年度分布

时间	2010 年	2011 年	2012 年	2013 年	2014 年
出版品种	12	10	12	10	4

表 6-3 世界图书出版上海有限公司 2010—2014 年出版发行的档案学专业书籍类型分布

类型	学术著作	论文集	教材	个人文集	丛书
出版品种	38	6	1	1	2

中国档案学共同体通过学术产出直接推动中国档案学理论知识的增长，但是在其过程中，目标是否实现、功能效果如何则主要与学术成果的质量有关。观点新、材料新、方法新是档案学专业期刊选稿的主要标准，这三个标准不是相互割裂的，而是有机融合的，其中观点新是主要考察因素。其实，这三个标准本质上可概括为一个词——创新。创新是学术研究的灵魂和动力，新档案现象的发现和新档案学理论的发明无不以创新为主要标志。

当前，在中国档案学共同体的学术成果中，存在大量的低水平重复和学术失范等现象，这会直接影响到学术成果的质量，需要在以后的学术研究活动中注意规范约束。

第二,学术交流活动。

档案学术交流主要是指档案信息的交流,是指通过发表学术成果和演讲、开展学术座谈和讨论、展示学术成果和观点等方式实现的档案学信息、思想和观点等方面的交流。档案学术交流是档案学术研究活动的重要组成部分,是档案学人展示研究成果和思想观点进而得到学术评价和学术承认的团体性活动。档案学术交流以新的学术思想和学术观点为载体,以使档案学共同体得到启发和激励为目的,以学术创新为最终落脚点,因此,档案学术交流不仅是档案学共同体学术生涯的一种活动方式,更是档案学知识的一种生产方式。

学术论文和学术著作是中国档案学共同体的学术思想、理论知识等的主要载体,是中国档案学共同体理念和模式的物化体现,而承载其运行的档案学专业期刊和书籍的出版发行则是当前中国档案学共同体的学术交流活动得以实现的主要途径。

表6-4展示了当前我国面向国内外公开发行出版的23种主要的档案学专业期刊的出版和影响因子情况的数据信息,以复合影响因子为基准降序排列。从出版周期来看。这23种期刊中,双月刊有12种,占总数的52.17%,月刊有10种,占43.48%,旬刊有1种,占4.35%。而在由北京大学图书馆发布的《中文核心期刊目录总览》所列27种历史类刊物中,季刊就有17种,占总数的62.96%,半年刊有1种,占3.7%,双月刊有7种,占25.94%,月刊仅有2种,占7.4%。因此,与历史学的专业性期刊相比,我国档案学专业性期刊的出版周期总体相对较短。从期刊的学术水平来看。当前,国际上通用的期刊评价指标之一就是影响因子,影响因子是测度期刊的学术水平乃至质量的重要指标,其又可分为复合影响因子和综合影响因子。从表6-4的统计数据可以看出,23种档案学专业期刊的学术水平两极分化较为严重,《档案学通讯》和《档案学研究》无论是复合影响因子还是综合影响因子都远高于其他期刊。中国知网的相关专业人士表示,一些期刊因其被引用次数较少,导致其影响因子的数值很小而不便显示。这一现象也在某一程度上显示出这些期刊的学术影响力非常有限。据表6-4显示,在23种档案学专业期刊中,就有10种期刊无法在中国知网查到其影响因子,占到总数的43.48%。

表 6 - 4 我国面向国内外发行的 23 种档案学专业期刊出版、影响因子

序号	期刊名称	出版周期	国内刊号	国际刊号	复合影响因子	综合影响因子
1	档案学通讯	双月刊	CN11 - 1450/G2	ISSN1001 - 201X	1.016	0.6
2	档案学研究	双月刊	CN11 - 1226/G2	ISSN1002 - 1620	0.875	0.478
3	北京档案	月刊	CN11 - 2783/G2	ISSN1002 - 1051	0.309	0.165
4	档案管理	双月刊	CN41 - 1216/G2	ISSN1005 - 9458	0.297	0.156
5	档案	双月刊	CN62 - 1025/G2	ISSN1004 - 2733	0.296	0.167
6	中国档案	月刊	CN11 - 3357/G2	ISSN1007 - 5054	0.275	0.151
7	浙江档案	月刊	CN33 - 1055/G2	ISSN1006 - 4176	0.27	0.124
8	山西档案	双月刊	CN14 - 1162/G2	ISSN1005 - 9652	0.21	0.098
9	档案与建设	月刊	CN32 - 1085/G2	ISSN1003 - 7098	0.194	0.108
10	云南档案	月刊	CN53 - 1105/G2	ISSN1007 - 9343	0.156	0.071
11	兰台世界	旬刊	CN21 - 1354/G2	ISSN1006 - 7744	0.151	0.068
12	陕西档案	双月刊	CN61 - 1006/G2	ISSN1003 - 7268	0.09	0.049
13	机电兵船档案	双月刊	CN11 - 3930/T	ISSN1007 - 1970	0.085	0.047
14	档案春秋	月刊	CN31 - 1870/K	ISSN1005 - 7501		
15	黑龙江档案	双月刊	CN23 - 1036/G2	ISSN1003 - 4072		
16	兰台内外	双月刊	CN22 - 1021/G2	ISSN1007 - 4163		
17	档案天地	双月刊	CN13 - 1184/G2	ISSN1006 2459		
18	山东档案	双月刊	CN37 - 1048/G2	ISSN1672 - 5204	数据在中国知网中无法查到	
19	湖北档案	月刊	CN42 - 1079/G2	ISSN1003 - 8167		
20	档案时空	月刊	CN43 - 1415/G2	ISSN1672 - 3627		
21	四川档案	双月刊	CN51 - 1072/G2	ISSN1001 - 5264		
22	城建档案	月刊	CN11 - 3484/TU	ISSN1674 - 0289		
23	航空档案	月刊	CN11 - 1782/G2	ISSN1673 - 3029		

笔者注:《历史档案》和《民国档案》虽由中国第一历史档案馆和第二历史档案馆等单位主办,但是从其设置的主要栏目来看,刊物的历史学倾向较为明显,尤其是档案学术论文刊发的较少。在由北京大学图书馆于 2015 年 8 月发布的《中文核心期刊要目总览(2014 年版)》中,将这两种刊物列入到了历史类而不是档案事业类中。因此本表不统计在内。

当前,除发表学术成果这一基本的方式之外,实现档案学术交流的途径还有如下几种:一是通过学术论坛、学术会议的方式展开;二是通过档案学专业论坛、博客、微博等档案自媒体展开;三是通过学术沙龙等方式展开。其中,第一种是较为主要和常用的途径,第二种是当前亟须加强和发展的途径,第三种是较为灵活和普遍的途径。

根据中华人民共和国教育部主管、教育部科技发展中心主办的中国学术会议在线网站的资料显示,2014 年 8 月至 2015 年 8 月我国召开的档案学术会议、论坛共计有 17 次之多。表 6-5 汇集了其中 8 次主要的、全国性的档案学术会议、论坛的相关情况。从主题来看,8 次会议、论坛基本覆盖了我国档案事业和档案学发展的主要问题和学术前沿;从时间来看,虽然举办时间显示出一定的集中性特点,但是从频率来看,平均每个月即可举办较为大型的、全国性的档案学术会议、论坛 0.67 次。窥一斑而见全豹,我国以学术论坛、学术会议的方式展开的档案学术交流是较为充分的。

当前,我国的档案新媒体发展较快,一些档案学专业论坛、博客等新媒体的管理运作、信息更新等方面已较为成熟,可成为档案学术交流的绝佳场所。以当前我国最有影响力的档案社区——"档案界"论坛为例。截至 2015 年 10 月 3 日 9 时,论坛共有注册会员 20 846 人,主题帖 46 845 个,帖子已达 421 957 个。据了解,"档案界"论坛的注册会员不仅有高校档案学专业的师生、一线档案工作者,亦有许多图书馆学、情报学、历史学、文学等专业的人士,其中不仅有许多档案学教授、副教授等理论素养较高的专家,亦有工作经验丰富且研究水平高超的专业人士常驻论坛。由南开大学的伍振华教授、河南省商丘市档案局的李振华、河南省濮阳市档案局并兼任《档案管理》杂志审稿专家的刘东斌主要参与的关于档案本质属性、档案概念等问题的学术争论以其持续时间长、争论激烈等原因广受关注。

表6-5 2014年8月至2015年8月我国召开的主要的全国性档案学术会议、论坛

序号	会议名称	主办单位	承办单位	会议主题	会议时间	会议地点
1	第八次华北地区档案学会学术研讨会	河北省档案学会	—	以十八届三中全会精神为统领,贯彻中办发(2014)15号文件精神,探索档案事业全面深化改革路线图	2014年8月14日—15日	河北省承德市
2	第三届中国档案职业发展论坛	《档案学通讯》杂志社、《中国档案》杂志社、《档案学研究》编辑部	—	社会变革时代的档案职业	2014年8月6日—8日	云南省昆明市
3	全国首届高校青年档案学者学术论坛	辽宁大学历史学院、《兰台世界》杂志社	—		2014年8月15日—16日	辽宁省沈阳市
4	2014年档案工作者年会	中国档案学会	—	创新——档案与文化强国建设	2014年9月18日—19日	福建省厦门市
5	第三届中国档案学博士论坛	中国人民大学信息资源管理学院(档案学院)、《档案学通讯》杂志社、中国档案学会	—	回望经典:中外档案学的比较与借鉴	2014年10月18日—19日	北京中国人民大学
6	2014年第五届中国电子文件管理论坛	中国人民大学电子文件管理研究中心、中国档案学会	—	信息系统环境中的文件和档案管理	2014年11月29日—30日	北京中国人民大学
7	第四届中国档案职业发展论坛	《档案学通讯》杂志社、《中国档案》杂志社、中国档案学会	—	信息化时代的档案职业发展与变革	2015年5月29日—6月1日	宁夏回族自治区银川市

（续表）

序号	会议名称	主办单位	承办单位	会议主题	会议时间	会议地点
8	2015 年全国青年档案学术论坛	国家档案局	中国档案学会	新形势下档案事业的全面深化改革	2015 年 5 月 31 日—6 月 1 日	云南省昆明市

注：数据来源中国学术会议在线网站，网址为 http：//www.meeting.edu.cn/meeting/，检索时间是 2015 年 10 月 3 日。其中会议时间、会议地点等信息笔者进行了查证和补充。

档案学术沙龙受人员、经费、场所等因素的限制较小，可以较为普遍地开展，当前已成为我国档案学专业硕士、博士研究生教育中广受欢迎的教育形式。中国人民大学信息资源管理学院档案学的博士研究生就有定期的学术沙龙活动。档案学术沙龙形式灵活、氛围轻松，参加者可较为自由地发表自己的看法，因此也较易碰撞出思想的火花，是档案学术交流不可或缺的一种形式。

为了深入了解中国档案学共同体的学术交流情况，对高校档案学专业教师的交往情况展开了问卷调查，回收有效问卷 120 份。调查结果如表 6-6 所示。

表 6-6　有效样本被调查者交往情况

题　　项	平均数	标准差	交往频率				
			非常不频繁	比较不频繁	一般	比较频繁	非常频繁
与同一研究方向教师间的交往	3.78	0.812	0%	5.8%	28.3%	47.5%	18.3%
与同一专业不同研究方向教师间的交往	3.65	0.76	0%	5%	37.5%	45%	12.5%
与同一学科不同专业教师间的交往	3.25	0.891	0.8%	17.5%	47.5%	24.2%	10%
与不同学科教师间的交往	3.03	1.025	8.3%	19.2%	40.8%	25%	6.7%
与档案实践工作者的交往	3.35	0.885	2.5%	10.8%	45%	32.5%	9.2%
与国外档案工作者的交往	1.53	0.907	70%	12.5%	13.3%	3.3%	0.8%

本调查中的交往对象涉及教师、档案实践工作者以及国外档案工作者,其中与教师的交往根据学科跨度,又分为同一研究方向、同一专业不同研究方向、同一学科不同专业、不同学科。从被调查者交往情况的描述统计量可以看出,65.8%的教师与同一研究方向教师间的交往频繁,57.5%的教师与同一专业不同研究方向教师间的交往频繁,34.2%的教师与同一学科不同专业教师间的交往频繁,31.7%的教师与不同学科教师间的交往频繁(随着学科跨度的增大,档案学专业教师与其他教师间的交往程度逐渐减弱);41.7%的教师与档案实践工作者的交往频繁,只有4.1%的教师与国外档案工作者的交往频繁。与教师、档案实践工作者以及国外档案工作者间的交往平均得分依次为3.43、3.35、1.53,总体交往平均得分为18.58。档案学专业教师与其他教师、档案实践工作者的交往介于"一般"与"比较频繁"之间,略高于一般水平;而与国外档案工作者的交往介于"非常不频繁"与"比较不频繁"之间,明显低于一般水平;总体交往介于"一般"与"比较频繁"之间,略高于一般水平。

同时,通过单因素方差分析可以看出,档案专业教师所在院系、归属系室类型在交往情况的各项均值及总体均值上没有显著差异。

本调查中的交往以学术交流为主。综合来看,在中国档案学共同体的学术交流中,研究领域越接近,交流就越频繁。同时,从调查也可发现,中国档案学共同体个体成员与国外档案工作者之间的交往较少,今后有待加强。

6.2 中国档案学共同体的行为规范

默顿认为,作为一种社会体制,科学的文化结构是其有机组成部分,即科学具有一种精神特质可以把科学家联系在一起。科学的这种精神特质"是指约束科学家的有情感色彩的价值观和规范的综合体。这些规范以规定、禁止、偏好和许可的方式表达"①。科学的精神特质借助于制度性价值

---

① 默顿. 科学社会学:理论与经验研究(上册)[M]. 鲁旭东,林聚任,译. 北京:商务印书馆,2003:363.

合法化,在不同程度上被科学家内化形成其科学良知。默顿经过深入考察得出结论,现代科学的精神特质是由普遍主义、公有性、无私利性、有组织的怀疑态度等四种必须的制度规范构成。四种特质构成了一个完整的科学规范系统,是实现科学价值和目标的有效手段。

默顿关于科学精神特质的研究是其构建科学社会学体系的主要组成部分,并经过默顿学派的进一步发展固定化为科学规范学说。科学规范学说揭示了科学共同体在科学发展中的功能和作用机制,是对科学发展规律的深层次探索,因此受到了广大科学学家的重视。虽然许多科学社会家对默顿提出的四种精神特质进行了修正和补充,但被广泛认可的仍然是默顿所提出的内容,其也是科学规范学说中最为基本的东西,而且默顿所提出的科学规范特别适合于学术性科学,许多社会、人文科学的学者据此展开了卓有成效的研究。因此,下文将主要依据默顿的学说对中国档案学共同体的行为规范展开研究。

6.2.1 中国档案学共同体学术研究的普遍主义

中国档案学共同体学术研究的普遍主义主要表现在两个方面:第一,学术研究评价标准的客观性。中国档案学共同体成员在其学术研究过程中所产生的任何关于真相的结论和断言都必须服从于非个人性标准,即其新发现的档案现象和新发明的档案学理论只要是能够更好地表现或接近一定历史阶段、一定社会环境下的档案现象及其本质和规律的真相就是合理的、就是有益于档案学术的,与学者本身的个人或社会属性无关。普遍主义强调学术发现的权利和学术理论的评价是根据其发现的档案现象和发明的档案学理论本身所固有的价值和学术评价标准进行的,档案现象及其本质和规律是普遍的、客观存在的,其要受到一定历史阶段和社会环境的影响和制约,故其真相亦是客观的。第二,学术研究主体范围的开放性。档案学术研究是向所有有才能的人开放的,追求真相是每一个档案人的权利,除了能力缺乏之外,以任何理由限制档案人从事档案学术研究都不利于档案学的发展。普遍主义的这一表现内在地要求中国档案学共同体是一个开放性群体,在这个群体中,有才能的档案学者可以随时参加进来,如此一来,其才能保持源源不断的活力和持续的增长力。

需要说明的是,首先,普遍主义规范是仅就科学而言的,因此其与更大范围内的社会的精神特质不相一致甚至不可调和,如种族主义、等级制度等,两者不可混淆。其次,普遍主义规范仅是一种理想的状态,没有明文的规定,只是根据科学的价值和规律作出的一种预设,而"科学在多大程度上是按照普遍主义规范运行的",这恰是默顿学派长期关注的问题。① 最后,默顿在其科学价值观——科学的制度性目标是扩展被证实了的知识②的基础之上提出了其科学规范学说,其中尤以普遍主义最能体现其价值观,因为其基本表现是科学观察和已经被证实的知识相一致。虽然笔者不甚赞同默顿的这种表述,而对其进行了修正,但普遍主义规范集中体现了科学(知识)的客观性这一科学最根本的价值准则之一,因此其对我国档案学术研究和评价的借鉴意义是适用的。

普遍主义规范的第一指向是学术奖励和评价。对于中国档案学共同体而言,其一,在学术奖励过程中,应以"成就—奖励"模式为主,即将学者的学术研究成果作为主要评价对象从而给予其相应的奖励。在具体的操作过程中,主要通过学术论文及其引证索引这两个指标来综合评价学者的成就与贡献。其二,在档案学专业期刊的审稿过程中,应将论文本身的质量作为主要考量因素。在具体的操作过程中,首先,应考虑论文有没有创新性。创新是学术研究的灵魂和生命力,当前许多档案学专业期刊将观点新、材料新、方法新作为评判稿件质量的首位因素即是最好的体现。其次,考虑论文描述的现象和表达的观点是否更好地表现或接近当前社会环境中的档案现象及其本质和规律的真相。最后,在论文评审中需尽量避免掺杂个人性因素。

---

① 欧阳锋,徐梦秋.默顿学派对"普遍主义"规范的经验性研究[J].自然辩证法通讯,2010(4):64-70.
② 默顿.科学社会学:理论与经验研究(上册)[M].鲁旭东,林聚任,译.北京:商务印书馆,2003:365.

《档案学通讯》《档案学研究》《档案管理》等杂志均建立了专门的审稿专家库,每一篇稿件均至少需要经过两位审稿专家的匿名评审,此举可在很大程度上减少个人因素的左右。其三,在档案学术争论中,应坚持就事论事的原则。学术争论是催生学术创新的有效手段,也是学术判断的公正方式,有了学术争论那些伪学术才会无所遁形。在档案学术研究中,坚持就事论事的争论原则具体可从以下两个方面入手:一是敢于进行学术争论,而不用过多地考虑个人情感和学术权威。在普遍主义规范之下,科学的标准对任何人而言都是一样的,即在科学面前人人平等,其尤其强调反对个人性标准。因此,普遍主义规范的基本精神要素之一就是鼓励科学争论。在档案学术争论中,争论双方主要应以各自的观点和理论为标靶。所谓理越辩越明、事越辩越清,学术争论对双方而言都是有益的。通过争论,双方可以对争论主题有更好的理解,同时有助于发现各自的问题、并将学术研究引向深入,甚至可以借此拿到开启进一步开拓创新的钥匙。对于外围的学者而言,判断学术争论的标准应是观点和理论本身的科学性、专业性,不应掺杂个人情感,更不应盲目服从权威。当前,在中国档案学共同体中,学术争论尚没有广泛开展起来,整个学界一团和气,大家都在各种自家田。笔者曾经跟一些同龄的年轻学者聊及此事,他们均表示有争论的欲望和话题,但是碍于对方的地位甚至是脸面而不便展开争论。《档案管理》杂志的前总编辑蔡千树也曾谈到过这方面的问题,他指出,当前我国的档案学术发展缓慢是和学术对话缺乏有关联的,档案学术界尤其是"学院派"和"草根派"应该大力倡导不同门派的学术对话。[①] 学术争论的氛围尚待大力营造。二是避免过激。就事论事是学术争论的基本规则也是底线,但是学术争论尤其是激烈的学术争论往往容易跨过底线。学者们都是有个性、有脾气的活生生的人,在争论过程中难免过激。开始于 2007 年并持续了三年之久的"姜孙之辩"(即主要由时任《档案春秋》总编辑的姜龙飞和西北大学公共管理学院的教师孙观清

---

① 一尘. 学院派和草根派[EB/OL]. [2015 - 10 - 27]. http:∥www. danganj. net/bbs/ viewthread. php? tid=152&highlight=%D1%A7%D4%BA%C5%C9.

二人关于档案工作者社会责任的争论,此事的整体情况可参见《南北档案学人——以档案期刊总编姜龙飞、胡鸿杰为个案的研究》①一文。)一扫档案界的沉闷,让档案界着实热闹了一番,甚至引发了社会的广泛关注。"姜孙之辩"起初也不过是由孙观清的一篇论文引发的普通的学术争论而已,按照"常态",姜龙飞的商榷性文章发出之后争论一般就会归于沉寂。哪知双方一个回合过后均不甘示弱,《档案学通讯》杂志自 2007 年第 5 期到 2008 年第 8 期连续刊发两人的争论文章,使之演变为白热化的态势。后由于杂志的冷处理和严永官等人的介入,两人在期刊上的争论暂告结束,但是二人的火气难消,在《档案学通讯》的网络论坛上争论得更加激烈、持续时间更长。"姜孙之辩"在我国档案界是难得一遇的一场学术争论,但同时也在一定程度上暴露出了学术争论存在的负面影响。

普遍主义规范的第二指向是科学知识的客观性。对于中国档案学共同体而言,其一,科学发展的过程展现和最终目的是科学知识的增长,在前文科学学关于科学认识的历程梳理中可以看出,将科学发展过程基本视为科学知识增长的过程是一条主线。对于中国档案学而言,档案学共同体的学术研究活动是实现学科发展和知识增长的主要手段。在普遍主义规范下,档案学知识的评判不以个人意志为转移,而是以客观存在于一定历史阶段的档案现象及其本质和规律的真相为标杆。因此,在学术研究过程中,中国档案学共同体应在强调原创性的前提下,卸下思想禁锢,只要自己创造或促进增长的知识能够较好地揭示或符合该历史阶段的真相就是有意义的,就为学科发展做出了自己的贡献。其二,在批判别人的研究成果时,中国档案学共同体首先应从该标准出发,尽量避免涉及个人性因素,更不应过度地苛责。尤其是对年轻的档案学者而言,过多地要求他们以档资政、塑造文化、解决社会管理问题等无异于揠苗助长,应给予他们较为宽松的学术评价环境,以使他们在不断磨练中成长,甚至容许他们有试错的空间。

① 章华明,陈刚. 南北档案学人——以档案期刊总编姜龙飞、胡鸿杰为个案的研究[J]. 档案管理,2011(1):67-70.

普遍主义规范的第三指向是学术民主。对于中国档案学共同体而言，其一，在学术研究面前，学者们的机会应是平等的，都可以通过自己的努力、凭借自己的能力获得相应的学术奖励。在学术研究过程中，应在承认学者们能力差异的前提下，容许其学术优势得到积累，不应压制其学术能力的发挥，而且在中国档案学共同体中，学术地位不应是固定不变的，应构建一种鼓励超越、坚持能者上的机制。其二，中国档案学共同体应是一个开放的系统。学术研究对任何一个有才能的档案学人而言都是开放的，不能以任何个人理由如信仰、出身等限制有才能的人从事档案学术研究活动。在具体的操作过程中，可建立必要的专业性组织如中国档案学术研究协会等以保护和扩大机会的平等性，甚至在必要的时候可借助于政治机构把民主精神付诸实践。

6.2.2　中国档案学共同体学术研究的公有性

中国档案学共同体学术研究的公有性主要体现在两个方面：第一，学术研究所获得的档案学知识是中国档案学共同体共同的遗产，因为任何新的发现和发明均是在前人研究的基础上做出的。学者只有将自己的思想和知识发表公布，使其成为档案学乃至科学公共领域的一部分，才能在学术交流和学术研究中发挥作用，唯有如此，该学者才能称得上真正为档案学术研究做出了贡献。与此同时，只有其公开发表了发现和理论，该学者才会被档案学共同体承认其为此知识的原创者，才能获得共同体赋予其的"知识产权"。公有性规范要求把档案学术研究中的所有权降低到最低限度。档案学知识是公共的知识而非个人的知识，档案学的新发现和新发明只有被公布出来才是有意义的，才能够为中国档案学共同体所承认和应用。而在此过程中，原创者所获得的主要是由此带来的承认和尊重，即中国档案学共同体根据其所发现的知识来量度其学术贡献、评价其研究成果。第二，中国档案学共同体应承认和尊重同行由于公开其思想和知识所获得的知识产权，在学术研究中引用该成果时必须标注其来源。公有性规范要求在科学研究活动中必须要重视引文和参考文献的规范,默顿甚至将其视为"(科学)激励系统的核心和对知识起很大促进作用的公平分配的基础"。①

公有性规范以科学的原创性价值为基础,其题中应有之义是科学研究的创新性。档案学术研究亦是如此。新发现的档案现象和新发明的档案学理论只有公开进入以档案学专业期刊和书籍为主的公众交流系统,才能使中国档案学共同体的其他成员在此基础上继续创新,才能最终推动中国档案学的可持续发展。

公有性规范的第一指向是学术公开和发表。对于学者来讲,应首先认识到,自己的新发现和新发明都是在前人基础上的创新,正如牛顿的名言所说,你之所以能够看得比别人远一些,是因为前人已经为你奠定了一定的基础。此外,你的学术研究活动亦得益于其他同行的协作和一定的社会条件,因此你的成果是属于社会所有,不应将自己的新发现和新发明隐藏、保密起来,任何人尤其是中国档案学共同体的其他成员都可以自由地学习、利用。其次,你的新发现和新发明只有进入公共交流系统才是有用的,你亦才能借此获得中国档案学共同体的承认并进而获得相应的学术奖励。有意隐匿自己研究成果的科学家会成为科学共同体的众矢之的,这在科学史上是有案可循的。英国科学家亨利·卡文迪什(Henry Cavendish)就是最著名的一例。其在长达50余年的科学探索中,在化学、物理等领域均取得了一系列重大发现。此外,他还发现或预见了电传导定律、欧姆定律、部分惰性气体元素等,但是这些发现均未公布出来,甚至没有告诉过别人。直到其去世70年之后,他的科学研究手稿才被公之于世。人们在惊叹其智慧的同时,许多人也对其提出了批评,其中英国作家奥尔德斯·伦纳德·赫胥黎(Aldous Leonard Huxley)的评价颇为典型和发人深思:"我们对他的才华的敬仰由于某种非难而减弱;我们觉得像他这样的人是自私的和脱离社会的。"② 卡文迪什的这种行为不仅使同时代的

① 美国科学院,等. 怎样当一名科学家——科学研究中的负责行为[M]. 何传启,译. 北京:科学出版社,1996:11.

② 默顿. 科学社会学:理论与经验研究(上册)[M]. 鲁旭东,林聚任,译. 北京:商务印书馆,2003:371.

科学家同行颇为恼火,因为他们经常可以从其公开出版的其他类型的作品中看到一些实验结果,当然这仅限于实验结果,也从未公开发表或告诉过同行;而且其行为使得很多重大科学发现的正式公布时间推迟了许多,如一种惰性气体元素直到 1962 年才被发现,当然,这些发现的功劳自然归属了其他人。卡文迪什的行为虽然与其怪癖的性格有关,但是他的这种行为对科学事业是有害无利的。这一案例也提醒档案学者,如果独自占有自己的学术研究成果而不及时公开,不仅自己可能为档案学共同体所唾弃,甚至客观上会为中国档案学的发展带来负面影响。其次,公有性规范并不是要求科学家将任何数据、观点在任何时候都要公布出来。在科学研究的早期,科学家需要对相关数据和观点保密一段时间,科学家需要借此完善自己的科研工作,因此是合理的。对档案学者而言,要求其公开的主要是其成熟的发现和发明,那些尚不能支撑起正规论文和著作的材料和观点是需要一定时间段的合理保密的。公有性规范是一种基于科学普世价值的理想规范,此规范对学者最大的影响应该是对学科发展和学术研究的基本价值观的塑造,并不是苛刻死板的条规。此外,公有性规范与当前存在的专利权制度并不是对立的。专利权是以法律的形式保障发明人或者权利人对其成果在一定期限内所享有的独占实施权,是对权利主体知识产权的一种保护方式。但是专利权是可以转让的,而且保护期满之后,专利主体必须要将其发明公之于众,使社会公众可以通过正规渠道得以利用。公有性规范中的公布主要是针对通过科学期刊、科学著作等途径的正式交流方式而言的,论文发表和著作出版实质上是学者们将自己的一部分知识产权让渡给了杂志社和出版社,这与专利权中独占的权利和公开的义务本质上是一样的。专利权的存在并不是要求成果的零利用,而是一定范围内的限制利用,这与科学史上频繁出现的将研究成果作为私人财产保守秘密的事例是不同的。当前在档案学领域涉及专利权问题的研究成果相较于自然科学而言非常少,主要是一些档案保护技术或档案管理软件等方面的发明和技术,如我国著名的档案保护技术专家李玉虎及其团队凭借发明的很多档案、文物修复的溶液和相关技术,获得了多项专利。但是手握专利的李玉虎考虑的并不是独占成果,而是其广泛应用,因为只有得到应用,这些技术和发明才能真正发挥它的价值和作用。①

　　公有性规范的第二指向是学术承认和尊重。对于中国档案学共同体而言,其一,在引用别人的成果开展学术研究时,必须要标注引用和参考文献。这是学术承认和尊重最集中的体现,亦是最基本的学术规范之一。对于应用和参考文献的基本要求是"凡引必注",即凡是应用别人的观点或文句必须加注。当下,在档案学期刊论文和学位论文的重复率检测过程中,还规定了一个引用率的限度,一般不得超过 20%。这一规定主要是为了保障学术论文和学位论文的原创性考虑。当然,在检测中,最为重要和关注的指标是抄袭率,规定连续超过 13 个字(包括 13)而不加引用即算作抄袭,档案学期刊论文和学位论文的抄袭率均不得超过 10%,否则直接退稿或延迟答辩。在档案学专业期刊的审稿过程中,如有严重的抄袭行为该作者将被加入黑名单,1～3 年之内不得在该期刊刊发文章。在我国最为活跃的档案学网络社区——《档案界论坛》上也曝光过几起论文抄袭、一稿多发等学术不端行为,相关的杂志均及时采取了预防和惩戒性措施。这些规范和措施的存在较好地践行了公有性规范。其二,中国档案学共同体成员本身应有相应的学术良心。学术良心涉及伦理学的美德范畴,主要约束力量来源于学者的内心和品行。在现实社会中,再完善的制度性设计都会有缺陷,更敌不过人内心的诱惑。当前,在对学术规范如此重视的情况下,在相应的处罚措施如此严厉的形式下,仍然有许多人以身犯险,光靠制度性规避是远远不够的。对其他学者学术成果的承认和尊重是学术研究的基本前提和出发点,除了公开发布的成果外,对于通过网络发布的不成熟的观点和不系统的资料也应该得到承认和尊重。笔者与《档案界论坛》主管人员交谈得知,在论坛中就曾经发生过类似的事件,一些档案学专家出于对《档案界论坛》的支持和学术交流的关注,将自己的一些尚未发表的想法发布在了论坛上,而论坛中的一些网友则据为己有写文章发表,导致这些专家只得采取静默方式,这不仅是《档案界论坛》的巨大损失,更是对正常的学术交流的无形损害。更有甚者,一些作者直接在论文中使用《档案界论坛》论坛

---

① 　姜龙飞. 李玉虎的故事[J]. 上海档案,1999(5): 24 - 28.

部分网友发布的资料而不加任何标注,激起了包括笔者在内的广大网友的强烈愤慨。这些现象的大量存在最终受害的还是档案学术研究本身。其三,档案学专业期刊本身亦应重视引文和参考文献,不单单是从格式规范方面严格要求,期刊在发表论文的过程中更需注意不得随意删除论文中的引文和参考文献。据《档案界论坛》上的一些网友反映,在其论文被一些档案学专业期刊刊发之后,原文中的一些引文和参考文献在没有告知作者的情况下就被删除了,从而诱发了作者极度的担心。档案学专业期刊在刊发论文的过程中,出于排版、版面等方面的考虑对论文进行删改是正常的,但是这种删改行为需要与作者商议,这也是期刊对作者知识产权的一种承认和尊重行为。甚至可以将准备录用的稿件发还给作者,由作者按照杂志社的要求进行修改,毕竟作者本人才是最熟悉稿件的人。

6.2.3 中国档案学共同体学术研究的非谋利性

中国档案学共同体学术研究的非谋利性旨在强调其学术研究的动机——档案学术研究的目的是扩展档案学知识,其他目的均从属于这一目的。非谋利性规范是学术制度的一个基本要素,而不单纯是一个道德问题。其一,中国档案学共同体成员应是在学术兴趣、好奇心和求知欲等内在动力的驱使下从事学术研究活动,如此其才有源源不断的精神动力去探索和研究。而当学术研究被功利性所奴役的时候,档案学知识的客观性就有可能遭到损害和牺牲,而被利益所左右的学者自然无法集中精力去深入探索,档案学知识的创新性亦无法保证。因此,非谋利性规范是以档案学知识的客观性和创新性为价值基础的。其二,强调非谋利性规范并非是要完全忽视学术研究的功利性价值。相对于科学知识的扩展这一根本目的而言,功利性只是科学可以接受的一种副产品。① 正如王协舟所言,科学家、学者既是

---

① 默顿.十七世纪英格兰的科学、技术与社会[M].范岱年,等译.北京:商务印书馆,2000:287.

科学人也是经济人,其科学研究活动不可避免地要受到好奇心和好利心的内在驱动,但相比而言,好奇心是其中最重要的内在驱动力。① 中国档案学共同体应以正确的动机从事档案学术研究,在不断扩展档案学知识的过程中,成员们才能获得好奇心、成就感等满足的内在奖励,也才能相应获得其他成员的承认和尊重等外在奖励。如果将功利性列为学术研究的首要目标,固然可为学者带来一定的短期效应,但却会损害档案学的长远发展。正所谓"覆巢之下焉有完卵",终将会对其长远发展带来不利影响。其三,由于档案学知识具有公共性和可检验性,学者们公开发表的每一篇档案学论文和每一部档案学著作都为其他学者评判其学术道德提供了依据,这一特点实际上将档案学术研究活动置于严格的监督之下,某些学者的浮夸、欺骗、狡辩等行径可能会瞒过一时,但是长此以往定会曝光于中国档案学共同体眼前。对于中国档案学共同体而言,非谋利性规范内化之后,违反者就会受到道德谴责和心理煎熬,这种惩罚虽然是无形的,但是力道却更强。

非谋利性规范触及科学的根本目的和科学共同体的价值观,因此其虽然主要针对的是科学家的动机,但是其应用范畴却是较为广泛的。

非谋利性规范的第一指向自然是学术研究的动机。对于中国档案学共同体而言,其一,应将扩展档案学知识作为学术研究的主要目的,其他的目的均要服从于这一目的。就档案学者而言,这种价值观由于主张将主要时间和精力投入到档案学术研究中去,有助于其学术研究的深入性,而且这种价值观的主导动力因素是学者好奇心、求知欲等内在因素,因此亦可保证其学术研究的持续性。如此一来,学者本人学术研究成果的数量和质量才有保证。在此基础上,其内在价值和外在奖励才能够更好地实现。对于档案学而言,这种价值观有助于保证学科知识的持续性、科学性和专业性增长,进而有利于档案学健康、长远的发展。其二,功利性目的可以在学术研究过程中去追求,而且其也可对档案学术研究产生积极的影响。但是,所谓过犹

---

① 王协舟.基于学术评价视阈的中国档案学阐释与批判[D].北京:中国人民大学,2007:176-177.

不及,如果过分去追求,导致学者在从事学术研究的过程中好利心过强,就会对学术研究乃至学科发展带来消极影响。一方面,以功利性目的为主导的学术研究,学者们的主要精力在追逐功利上,根本无法做到心无旁骛地开展学术研究活动,其学术研究成果的质量自然会大打折扣,甚至可能出现造假或夸大等现象,这对学术研究是极为有害的。另一方面,在功利性目的的主导下,驱使学者从事学术研究的动力不再是好奇心、求知欲等内在动力因素,而是外部的功利性因素的诱导,这种动力机制下的学术研究持续性无法得到保障,更遑论深入性了。其三,非谋利性规范和普遍主义规范的综合力有助于学者卸下包袱,只要学术研究是以扩展档案学知识为主要目的,只要自己的新发现和新发明符合档案学的普遍评价标准,这样的学术研究活动就是有益的。这种心态尤其对于年轻的档案学者而言是非常重要的,可使他们放开手脚去探索,甚至去试错。

非谋利性规范的第二指向是学术研究的宗旨。非谋利性规范体现出学术研究是以扩展档案学知识为基本遵旨而非解决实际问题,前已提及客观性和创新性是其基本价值基础。这一指向虽是从研究动机衍生出来的,但是对档案学的整体发展具有重要的启发意义。当前在我国的档案学研究中,档案学基础理论研究发展非常缓慢,造成这种后果的因素很多,但其不具备短期内产生功利性价值的功能是其中一个重要原因。这就导致那些看不到或暂时看不到功利产出,但具有重大学术价值的课题很少有人去做。以国家社科基金项目为例,在已经获批的181项档案学类的项目中,纯档案学基础理论的项目为0。在这种导向之下,中国档案学共同体绝大部分的人力、物力等有可能集中到应用和综合研究中去,从长远来看,就有可能导致研究方向失衡的局面,这对学科的整体发展是极为不利的。固然,档案学是一门实践性很强的学科,学术研究需要植根于档案工作实践才能有厚基础。但是,一门学科的发展,最终还是要看学科知识的扩展和增长,同时,这种扩展需要全面、均衡,才能促进学科整体的良性发展。中国档案学共同体的整体规模较小,尤其是高水平的学者数量更少,如果某一个或几个研究领域集中的学者人数过多,其他领域的研究就会凋零。就目前来看,中国档案学已然出现了这种危机的迹象,尤其是档案史、档案保护技术等领域的研究力量非常薄弱,档案学基础理论的研究也正在弱化,这种现象应该引起中国档案学共同体的警惕。

非谋利性规范的第三指向是学术研究的监督。非谋利性规范是一种制度性因素,光靠学术良心和个人自觉是无法彻底保障的,因此就需要中国档案学共同体和档案学专业期刊、出版机构甚至是工作单位等整体的外在监督。当前,由于职称评审、科研奖励等驱动,学术抄袭、一稿多投等学术不端现象在我国档案界频发。2010 年 8 月 21 日,网友 HZHIWEN 在"档案界论坛"发专帖曝光徐州某单位综合档案科王某的严重抄袭行为,据该网友查证,王某有多篇文章存在全文抄袭的嫌疑。王某的恶劣行径激起了论坛网友的强烈不满,经部分网友查实,王某不仅有多起严重的抄袭行为,而且有大量一稿多投、一稿多发等学术不端行为。王某被曝光以后,《档案管理》杂志当即表示以后拒绝刊登该作者的所有稿件以示惩戒。但是,正如 HZHIWEN 指出的那样,光有一家杂志的努力是远远不够的。2010 年,《山西档案》《四川档案》《档案时空》《北京档案》等四家档案学专业期刊发表声明联合抵制剽窃、抄袭、一稿多投等学术不端行为。① 随后,《档案管理》也表态加入。这是一个良好的开始。但是,要杜绝学术不端行为,需要依靠各方力量的整体协作,形成一种人人喊打的氛围,并对违反者进行严厉的惩戒,才有可能对王某类作者形成强大的威慑力量。

6.2.4 中国档案学共同体学术研究的有组织的怀疑主义

中国档案学共同体学术研究的有组织的怀疑主义的内涵主要包括两个方面:第一,强调档案学术研究中的怀疑与批判原则。首先,档案学知识的扩展是档案学共同体不断向自然和社会提出各种疑问,进而通过批判性的学术研究活动在不断地解答过程中实现的。在档案学者眼中,不存在神圣

---

① 《山西档案》编辑部.四家档案期刊联手抵制学术不端行为[J].山西档案,2010(1):9.

的、不能批判的东西。因此,有组织的怀疑主义首先表现为一种方法论要求。其次,在学术研究过程中,档案学的所有知识,无论是新的还是已有的,都需要经过理论和实践的检验才能被证实其与一定社会环境下的档案学研究与档案工作实际相符,并最终被广泛接受。中国档案学共同体成员无论是对自己的还是别人的研究成果都应该采取怀疑的态度,批判性是学术研究的灵魂和内在动力。对已发现的错误应及时公布,以免多走歪路,而且这种怀疑与批判的原则应该体现在中国档案学共同体所有的学术研究活动中,体现在学术研究活动的所有环节,包括学术评价、学术资助、学术荣誉等各方面。因此,有组织的怀疑主义又是一种制度性要求。第二,强调怀疑和批判的"有组织性"。在默顿看来,有组织的怀疑主义主要"是指科学和学术中对知识主张的批判性审查的制度化安排,其运行不依赖于这个或那个个体的怀疑倾向的偶然表现"①。朱克曼也指出,其不仅"具有态度上的含义,也具有科学家活动的社会组织的含义"②。这一点对我国的档案学术研究具有特别的意义。怀疑和批判应是中国档案学共同体的整体态度和精神,应贯穿于其学术研究的各个方面和所有环节,同时,也需要档案学专业期刊和相关杂志社等共同努力,加强档案学术制度建设,最终形成有效的学术批判与反批判的社会机制,根本推动我国档案学术的发展。

与普遍主义规范类似,有组织的怀疑主义也是一种与科学评价有关的规范。但是,普遍主义规范主要强调的是评价标准和评价结果的客观性,而有组织的怀疑主义则重在强调评价方式和程序的公正性和有组织性。③ 两者是有严格区别的。但是,科学评价结果公正性的实现是与评价方法和程序的公正性密切相关的,因此两者又是可以互补的。

---

① MERTON R K. The Thomas Theorem and the Matthew Effect[J]. Social forces, 1995(12): 389.

② COURNAND A F, ZUCHERMAN H, The code of science: analysis and some reflection on its fu-ture[J]. Studium generale,1970(23): 948.

③ 徐梦秋,欧阳锋.默顿科学规范论的价值要素与行为规范[J].厦门大学学报(哲学社会科学版),2008(1): 47 - 55.

有组织的怀疑主义规范的第一指向是档案学知识扩展的方法论。对于中国档案学共同体而言,其一,好奇心和求知欲等是开展档案学术研究的源动力,而对档案学理论和档案工作实践的怀疑和批判则是学术研究活动落地实现的方法论。因此,在档案学术研究过程中,中国档案学共同体应善于发现,用心发现,时时保持怀疑和批判的态度和精神,如此才能保持学术研究的创新性和客观性。其二,在具体的学术研究过程中,中国档案学共同体成员不仅要有自我怀疑、自我批判的学术自觉,还应具备拒绝盲从权威和教条的学术品质。在一个真正的档案学者眼中,无论其对自己的知识主张有多感觉良好,在其没有经受档案学共同体和理论实践的严格检验之前,均是一种"假说"而已。因此,学者自身应以自我怀疑、自我批判的学术自觉随时准备抛弃自己的知识主张,如此才能保证自己学术研究的生命力,否则它迟早会死于自己的"溺爱"。同理,其他同行的知识主张亦是如此,只有经过怀疑和批判的严格审查才能真正对其他人的学术研究产生有益的借鉴,也才会真正被档案学共同体所接收。"在科学中没有比盲目地接受权威和教条更危险的事情了"[①],盲从权威和教条会固化学者的学术思维、束缚其研究视野,进而从根本上损害学术研究的创新性和档案学知识的更新,其只能使档案学止步不前。

有组织的怀疑主义规范的第二指向是怀疑和批判的制度性。一方面,在中国档案学共同体内部,应在学术研究过程中大力倡导怀疑和批判的原则,使其内化为整个档案学共同体的整体学术品格;另一方面,档案学专业期刊、相关出版机构等学术交流系统,以及在科研基金、学术奖励等奖励系统中,应大力营造学术怀疑和学术批判的氛围,最终建立一种有效的学术体制。

科学规范系统是针对科学体制的一种理想状态,其主要作用是内化为科学共同体的学术品质以后,通过其学术研究的行为规范体现出来的。普

---

① 巴伯.科学与社会秩序[M].顾昕,等译.北京:生活·读书·新知三联书店,1991:107.

遍主义、公有性、非谋利性、有组织的怀疑主义等四种精神特质是密不可分的一个整体,其以科学的客观性和创新性价值为价值基础,通过科学共同体的科学活动实现科学的根本目的——科学知识的扩展。但是,作为社会体制的一种,科学又不得不参与社会体制的构建,故不可避免要受到社会环境的影响和制约。因此,科学规范系统在实施过程中就需要适应甚至是变形。但是,无论如何,科学系统规范的基本指向应是不变的,因为它是科学发展内在规律的结晶。

此外,其他一些科学社会家亦对科学规范系统进行了补充完善,提出增加谦虚、创新性、理性精神、感情中立等多种观点,但是,这些观点并未获得科学社会学家的普遍认同,故本书不做赘述。

参考文献

图书

［ 1 ］舒新城.辞海[M].上海：中华书局,1936.

［ 2 ］朱克曼.科学界的精英：美国的诺贝尔奖金获得者[M].周叶谦,冯世则,译.北京：商务印书馆,1979.

［ 3 ］库恩.必要的张力——科学的传统和变革论文选[M].纪树生,等译.福州：福建人民出版社,1981.

［ 4 ］贝尔纳.科学的社会功能[M].陈体芳,译.北京：商务印书馆,1982.

［ 5 ］普赖斯 D.小科学,大科学[M].宋剑耕,戴振飞,译.北京：世界知识出版社,1982.

［ 6 ］齐曼.知识的力量：科学的社会范畴[M].许立达,译.上海：上海科学技术出版社,1985.

［ 7 ］吴宝康.档案学理论与历史初探[M].成都：四川科学技术出版社,1986.

［ 8 ］李汉林.科学社会学[M].北京：中国社会科学出版社,1987.

［ 9 ］周寄中.科学殿堂里的共同体[M].北京：人民出版社,1987.

［10］马林诺夫斯基.文化论[M].费孝通,译.北京：中国民间文艺出版社,1987.

［11］本-戴维.科学家在社会中的角色[M].赵佳苓,译.四川人民出版社,1988.

［12］加斯顿.科学的社会运行——英美科学界的奖励系统[M].顾欣,等译.北京：光明日报出版社,1988.

［13］克兰.无形学院——知识在科学共同体的扩散［M］.刘珺珺,等译.北京:华夏出版社,1988.

［14］吴宝康.论档案学与档案事业［M］.南京:南京大学出版社,1988.

［15］吴宝康.档案学概论［M］.北京:中国人民大学出版社,1988.

［16］李克特.科学是一种文化过程［M］.顾昕,张小天,译.北京:生活·读书·新知三联书店,1989.

［17］科尔J,科尔S.科学界的社会分层［M］.赵佳苓,等译.北京:华夏出版社,1989.

［18］李英明.科学社会学［M］.台北:桂冠图书股份有限公司,1989.

［19］萨顿.科学史和新人文主义［M］.陈恒六,等译.北京:华夏出版社,1989.

［20］何亚平.科学社会学教程:理论与方法［M］.杭州:浙江大学出版社,1990.

［21］张碧晖,王平.科学社会学［M］.北京:人民出版社,1990.

［22］巴伯.科学与社会秩序［M］.顾昕,等译.北京:生活·读书·新知三联书店,1991.

［23］陈永生.档案学论衡［M］.北京:中国档案出版社,1994.

［24］美国科学院,等.怎样当一名科学家——科学研究中的负责行为［M］.何传启,译.北京:科学出版社,1996.

［25］陈兆祦.论新时期档案学与档案事业［M］.北京:中国档案出版社,1997.

［26］吴康宁.教育社会学［M］.北京:人民教育出版社,1998.

［27］腾尼斯.共同体与社会:纯粹社会学的基本概念［M］.林荣远,译.北京:商务印书馆,1999.

［28］李国秀.科学的社会视角［M］.合肥:安徽人民出版社,2000.

［29］默顿.十七世纪英格兰的科学、技术与社会［M］.范岱年,译.北京:商务印书馆,2000.

［30］科尔.科学的制造:在自然界与社会之间［M］.林建成,等译.上海:

上海人民出版社,2001.

[31] 默顿.社会研究与社会政策[M].林聚任,等译.北京:生活·读书·新知三联书店,2001.

[32] 巴恩斯.科学知识与社会学理论[M].鲁旭东,译.北京:东方出版社,2001.

[33] 巴恩斯.局外人看科学[M].鲁旭东,译.北京:东方出版社,2001.

[34] 塞蒂娜.制造知识:建构主义与科学的与境性[M].王善博,等译.北京:东方出版社,2001.

[35] 赵万里.科学的社会建构:科学知识社会学的理论与实践[M].天津:天津人民出版社,2002.

[36] 鲍曼.共同体[M].欧阳景根,译.南京:江苏人民出版社,2003.

[37] 默顿.科学社会学:理论与经验研究[M].鲁旭东,等译.北京:商务印书馆,2003.

[38] 皮尔逊.科学的规范[M].李醒民,译.北京:华夏出版社,2003.

[39] 刘华杰.殿里供的并非都是佛[M].南京:江苏人民出版社,2004.

[40] 默顿.科学社会学散忆[M].鲁旭东,译.北京:商务印书馆,2004.

[41] 柯林斯 R.哲学的社会学:一种全球的学术变迁理论[M].吴琼,等译.北京:新华出版社,2004.

[42] 韦伯.社会学的基本概念[M].顾忠华,译.桂林:广西师范大学出版社,2005.

[43] 高建明.科学社会学新论[M].武汉:湖北人民出版社,2005

[44] 李财富.中国档案学史论[M].合肥:安徽大学出版社,2005.

[45] 冯惠玲,张辑哲.档案学概论[M].北京:中国人民大学出版社,2006.

[46] 比彻,特罗勒尔.学术部落及其领地:知识探索与学科文化[M].唐跃勤,等译.北京:北京大学出版社,2008.

[47] 宋旭红.学术职业发展的内在逻辑[M].武汉:华中科技大学出版社,2008.

[48] 尚智丛.科学社会学:方法与理论基础[M].北京:高等教育出版

社,2008.

[49] 默顿. 社会理论和社会结构[M]. 唐少杰, 等译. 南京：译林出版社,2008.

[50] 齐曼. 真科学[M]. 曾国屏, 等译. 上海：上海科技教育出版社,2008.

[51] 刘珺珺. 科学社会学[M]. 上海：上海科技教育出版社,2009.

[52] 刘军. 整体网分析讲义：UCINET 软件实用指南[M]. 上海：格致出版社,2009.

[53] 王协舟. 基于学术评价视域的中国档案学阐释与评价[M]. 湘潭：湘潭大学出版社,2009.

[54] 什托姆普卡. 默顿学术思想评传[M]. 林聚任, 等译. 北京：北京大学出版社,2009.

[55] 叶继红, 谭文华. 科学社会学新探[M]. 合肥：合肥工业大学出版社,2010.

[56] 李醒民. 科学论：科学的三维世界[M]. 北京：中国人民大学出版社,2010.

[57] 林聚任. 林聚任讲默顿[M]. 北京：北京大学出版社,2010.

[58] 陈祖芬. 档案学范式的历史演进及未来发展[M]. 上海：上海世界图书出版公司,2010.

[59] 胡鸿杰. 化腐朽为神奇：中国档案学评析[M]. 上海：上海世界图书出版公司,2010.

[60] 任越. 基于主体认识视角的当代中国档案学术研究[M]. 上海：上海世界图书出版公司,2010.

[61] 丹皮尔 W C. 科学史[M]. 李珩, 译. 北京：中国人民大学出版社,2010.

[62] 阎光才. 精神的牧放与规训：学术活动的制度化与学术人的生态[M]. 北京：教育科学出版社,2011.

[63] 刘大椿. 科学哲学[M]. 北京：中国人民大学出版社,2011.

[64] 惠特利. 科学的智力组织和社会组织[M]. 赵万里, 等译. 北京：北京

大学出版社,2011.

［65］ 阎光才.美国的学术体质：历史、结构与运行特征[M].北京：教育科学出版社,2011.

［66］ 楚宾,哈克特.难有同行的科学：同行评议与美国科学政策[M].谭文华,曾国屏,译.北京：北京大学出版社,2011.

［67］ 丁华东.档案学理论范式研究[M].上海：上海世界图书出版公司,2011.

［68］ 马来平.科学的社会性和自主性：以默顿科学社会学为中心[M].北京：北京大学出版社,2012.

［69］ 周林兴.中国档案学术生态研究[M].北京：人民出版社,2012.

［70］ 李侠.科学活动的现场扫描：基于经济——哲学视角的考察[M].上海：上海交通大学出版社,2012.

［71］ 库恩.科学革命的结构[M].金吾伦,胡新和,译.北京：北京大学出版社,2012.

［72］ 袁方.社会研究方法教程[M].北京：北京大学出版社,2013.

［73］ 丁敬达.学术社区知识交流模式研究[M].上海：上海世界图书出版公司,2013.

［74］ POLANYI M. The logic of liberty [M]. Chicago：University of Chicago Press, 1951.

［75］ SARTON G. A history of science [M]. Oxford University Press,1953.

［76］ MALINOWSHI B. A scientific theory of culture[M]. New York：Oxford University Press,1960.

［77］ PRICE D S. Little science, big Science[M]. New York：Columbia Press, 1963.

［78］ CRANG D. Invisible colleges: diffusion of knowledge in scientific communities[M]. Chicago：University of Chicago Press,1972.

［79］ MERTON R K. The sociology of science: an episodic memoir, in

R. K. Merton and J. Gaston（ed.），The sociology of science in Europe[M]. Carbondale：Southern Minois University Press,1977.

[80] GASTON J. The reward system in British and American science [M]. New York：A Wiley-inter-science Publication,1978.

[81] BIERSTEDT R. American sociological theory：a critical history [M]. New York：Academic Press,1981.

[82] MERTON R K. A life of learning：Charles Homer Haskins lecture [M]. American Council of Learned Societies, 1994.

[83] BARNES B, BLOOR D, HENRY J. Scientific knowledge：a sociological analysis [M]. Chicago：The University Of Chicago Press,1996.

期刊论文

[1] 周华. 社会结构中的科学——默顿科学社会学理论的一个模式[J]. 自然辩证法通讯,1985(3)：20‐30.

[2] 吴忠. 后期默顿的科学共同体社会学[J]. 自然辩证法研究,1986(6)：9‐16.

[3] 吴忠. 社会分层理论与科学社会学[J]. 自然辩证法研究,1987(2)：25‐31.

[4] 刘珺珺. 关于"无形学院"[J]. 自然辩证法通讯,1987(2)：33‐41.

[5] 顾昕. 科学共同体的社会分层[J]. 自然辩证法通讯,1987(4)：21‐30.

[6] 顾昕. 科学交流系统——科学共同体的社会结构与科学的成长[J]. 大自然探索,1987(4)：153‐159.

[7] 赵佳苓. 科学的角色与体制化[J]. 自然辩证法通讯,1987(6)：35‐41.

[8] 陈兆祦. 继续为培养社会主义档案事业建设人才而努力——庆祝中

国人民大学档案学院创办 35 周年[J]. 档案学通讯,1988(1)：14－16.

［9］ 雅各布斯 S. 科学共同体：一个社会学主题的阐述和评论[J]. 科学学译丛,1988(3)：4－9.

［10］ 张碧晖. 科学的社会过程：交流、合作与竞争[J]. 科学管理研究,1988(2)：40－44.

［11］ 马尔凯 M J. 科学研究共同体的社会学(英)[J]. 科学学译丛,1988(4)：5－11.

［12］ 哈格斯特龙 W Q. 科学共同体：为获得承认而竞争[J]. 科学学译丛,1989(3)：5－25.

［13］ 刘珺珺. 科学社会学的研究传统和现状[J]. 自然辩证法通讯,1989(4)：18－26.

［14］ 王晓飞. 中国的四代档案学者[J]. 档案,1989(4)：32－35.

［15］ 张新华. 社会学视野中的库恩理论[J]. 自然辩证法通讯,1992(3)：30－37.

［16］ 冯鹏志. 科学共同体的社会学说明——默顿模式与库恩模式之比较[J]. 自然辩证法通讯,1992(5)：43－49.

［17］ 林清澄. 关于档案学研究方法的思考[J]. 档案学研究,1993(2)：13－16.

［18］ 樊春良. 默顿科学社会学理论新探[J]. 自然辩证法通讯,1994(5)：38－44.

［19］ 马颖强.《档案学通讯》(1985—1992 年)论文作者群分析[J]. 档案学通讯,1994(6)：37－40.

［20］ 王大明. 大科学时代的小社会学——对默顿科学社会学理论的再思考[J]. 自然辩证法研究,1994(8)：56－60.

［21］ 林聚任. 清教主义与近代科学的制度化——默顿论题及其争论和意义[J]. 自然辩证法通讯,1995(1)：36－42.

［22］ 郑也夫. 知识分子的定义[J]. 北京社会科学,1997(3)：130－139.

[23] 江涛.科学共同体"范式"概念的文化价值蕴含[J].自然辩证法研究,
1997(9):23-27.

[24] 田淼.清末数学教育对中国数学家的职业化影响[J].自然科学史研
究,1998(2):119-128.

[25] 黄存勋.档案馆学派对创建中国近代档案学的贡献及其启示[J].四
川档案,1998(6):6-10.

[26] 孟建伟.功利主义和理想主义的张力——关于科学的动力、目的和社
会价值问题的思考[J].哲学研究,1998(7):16-22.

[27] 古祖雪,向雄飞.网络环境与科学交流系统[J].衡阳师范学院学报
(自然科学),1999(6):69-72.

[28] 施若谷."科学共同体"在近代中西方的形成与比较[J].自然科学史
研究,1999(1):1-6.

[29] 姜龙飞.李玉虎的故事[J].上海档案,1999(5):24-28.

[30] 叶继红."科学家"职业的演变过程及其社会责任[J].自然辩证法研
究,2000(12):46-50.

[31] 陈兆祦.我国档案学研究概况:规模、条件和成就[J].兰台世界,2000
(8):4-6.

[32] 钟旭.中国情报学图书馆学档案学著者跨学科研究的文献计量学研
究[J].情报学报,2000(2):187-192.

[33] 林聚任,肖德武.默顿科学社会学思想发展的阶段特征[J].山东师范
大学学报(人文社会科学版),2001(2):107-109.

[34] 朱玉媛.近几年来我国档案学理论研究热点透视与问题分析[J].档
案学研究,2002(1):9-12.

[35] 胡鸿杰.论档案学人[J].档案学通讯,2002(2):4-9.

[36] 王彦君,吴永忠.试析两种科学共同体理论的不可通约性[J].科学技
术与辩证法,2002(3):50-53.

[37] 丁云龙.国外学术共同体学术研究体例述评[J].东北大学学报(社会
科学版),2002(4):238-241.

［38］熊志云.档案学研究的定性与定量方法浅析［J］.档案学研究,2002
(6)：24－27.

［39］胡鸿保,姜振华.从"社区"的语词历程看一个社会学概念内涵的演化
［J］.学术论坛,2002(5)：123－126.

［40］马佰莲.西方近代科学体制化的理论透析［J］.文史哲,2002(2)：
126－131.

［41］沈德发.淡泊以明志　宁静方致远——投稿不正之风引发的思考
［J］.中国科技期刊研究,2002,13(5)：408－409.

［42］肖巍.学者社会的旨趣——从近代科学职业化谈起［J］.自然辩证法
通讯,2003(5)：54－60,111.

［43］吴雁平.从历年国家哲学社会科学基金项目立项情况看档案学的地
位与作用［J］.档案学研究,2003(2)：2－6,24.

［44］文学峰.试论科学共同体的非社会性［J］.自然辩证法通讯,2003(3)：
60－64.

［45］乔健,黄存勋.管理学院背景下档案学专业教育的生存与发展问题
［J］.档案学通讯,2004(1)：7－11.

［46］吴建华.档案学的跨学科发展［J］.档案学通讯,2004(1)：1.

［47］董翔薇.投稿行为性质的法律界定——兼论对作者权益的保护［J］.
黑龙江省政法管理干部学院学报,2004(3)：69－70.

［48］吴建国.从私人知识到公共知识的建构［J］.自然辩证法研究,2004
(12)：62－65,78.

［49］周学政.科学与民主——默顿规范提出的社会背景之考察［J］.自然
辩证法研究,2004(10)：32－35.

［50］张九辰.地质学研究中的科学与社会——以中国近代地质学理论研
究与应用研究为例［J］.科学技术与辩证法,2004(4)：92－96.

［51］王珏.科学建制的类型及其伦理样态［J］.东南大学学报(哲学社会科
学版),2004(5)：29－32,126.

［52］张剑.中国科学社与科学交流［J］.科学,2005(4)：42－45.

[53] 斯蒂芬·科尔,郝刘祥. 默顿对科学社会学的贡献[J]. 科学文化评论,2005(3)：41 - 55.

[54] 丁华东. 论档案学研究的主体意识与学科范式的建构[J]. 档案学通讯,2005(2)：8 - 11.

[55] 李小霞. 近年来国内洛特卡定律研究综述[J]. 科技情报开发与经济,2005(13)：27 - 28.

[56] 管先海. 对我国档案学研究的若干思考[J]. 北京档案,2006(4)：25 - 28.

[57] 傅荣校,何嘉荪. 关于建国后我国档案学若干问题的评论——两个学者的对话[J]. 档案管理,2007(1)：12 - 20.

[58] 熊易寒. 文献综述与学术谱系[J]. 读书,2007(4)：82 - 84.

[59] 马来平,王宜凯. 尊重科学的自主性——默顿学派的科学自主性思想刍论[J]. 济南大学学报(社会科学版),2007(1)：64 - 67,93.

[60] 阎光才. 学术认可与学术系统内部的运行规则[J]. 高等教育研究,2007(4)：21 - 28.

[61] 张功耀,罗娅. 我国科技奖励体制存在的几个问题[J]. 科学学研究,2007(S2)：350 - 353.

[62] 范铁权. 中国科学的体制化进程缕析——兼与西方国家的比较[J]. 自然辩证法研究,2007(3)：71 - 74,79.

[63] 阎光才. 所罗门宫殿与现代学术制度的缘起[J]. 清华大学教育研究,2008(1)：72 - 77.

[64] 杨兰,刘毅,王叙红. 高校教师科研态度的调查与分析[J]. 中国高校科技与产业化,2008(Z1)：61 - 62.

[65] 岳洪江. 管理科学知识扩散网络的结构研究[J]. 科学学研究,2008(4)：779 - 786.

[66] 魏顺平,傅骞,路秋丽. 教育技术研究领域研究者派系分析与可视化研究[J]. 开放教育研究,2008(1)：79 - 85.

[67] 徐梦秋,欧阳锋. 默顿科学规范论的价值要素与行为规范[J]. 厦门大

学学报(哲学社会科学版),2008(1):47-55.

[68] 张冬玲,刘则渊,尹丽春,等.我国城市间的科学合作问题初探[J].科技管理研究,2008(2):78-80.

[69] 刘建滔,陈智平,邓丽琼,等.生物医学期刊作者投稿行为的影响因素[J].编辑学报,2008(3):245-246.

[70] 张大伟,薛惠锋,寇晓东.复杂网络领域科学合作状况的网络分析研究[J].情报杂志,2008(8):143-145,148.

[71] 徐丽芳.科学交流系统的要素、结构、功能及其演进[J].图书情报知识,2008(6):114-117.

[72] 阎光才.中国学术制度建构的历史与现实境遇[J].北京师范大学学报(社会科学版),2008(6):21-28.

[73] 汤建民.近十年来国内民办高等教育的研究足迹——基于1999—2008研究论文的计量分析和可视化识别[J].现代大学教育,2009(2):27-33.

[74] 付允,牛文元,汪云林,等.科学学领域作者合作网络分析——以《科研管理》(2004—2008)为例[J].科研管理,2009(3):41-46.

[75] 姜春林,唐悦,杜维滨,等.CSSCI管理学来源期刊引文网络结构分析[J].科学学与科学技术管理,2009(7):54-58.

[76] 陈美萍.共同体(Community):一个社会学话语的演变[J].南通大学学报(社会科学版),2009(1):118-123.

[77] 邹农俭.跨学科研究:社会科学研究的必然选择[J].浙江社会科学,2009(1):2-7.

[78] 阎光才.学术共同体内外的权利博弈与同行评议制度[J].北京大学教育评论,2009(1):124-138.

[79] 伍玉伟.1999—2008我国档案学研究特点及未来的展望——基于国家社科基金立项的统计分析[J].档案学通讯,2009(3):7-10.

[80] 欧阳锋,徐梦秋.默顿学派对"普遍主义"规范的经验性研究[J].自然辩证法通讯,2010(4):64-70.

［81］蒋士会,郭少东.复杂性科学的方法论探微[J].广西师范大学学报(哲学社会科学版),2009(3):33-37.

［82］程齐凯.档案学合著网络研究[J].档案管理,2009(5):19-22.

［83］刘小强.高等教育学学科分析:科学社会学的视角——引文分析基础上高等教育学学术思想之间的社会关系分析[J].现代大学教育,2009(5):11-18.

［84］山西档案编辑部.四家档案期刊联手抵制学术不端行为[J].山西档案,2010(1):9.

［85］赵世奎,沈文钦.我国博士研究生学缘结构分析——以2006届博士毕业生为例[J].教育研究,2010(4):50-55.

［86］袁同成.试析我国学术研究的量化考评制度[J].北京社会科学,2010(2):104-108.

［87］邱均平,王明芝.1999—2008年国内数字图书馆研究论文的计量分析[J].情报杂志,2010(2):1-5.

［88］袁同成."期刊承认"与"共同体承认":我国学术知识生产动力机制的"悖论"[J].清华大学教育研究,2010(1):26-31.

［89］孔春苗.基于CNKI的中国档案学学者影响力报告(2004—2008)[J].档案与建设,2010(2):16-18,24.

［90］孔春苗.基于高被引论文的中国档案学研究现状分析[J].档案管理,2010(3):54-56.

［91］苌光锤.学术共同体的概念及其特征辨析[J].煤炭高等教育,2010(5):36-38.

［92］张微.科技论文引用种类的初步剖析[J].图书情报工作,2010(16):59-62.

［93］郭世月,单贝.我国认知心理学领域科学共同体发现[J].科技情报开发与经济,2010(29):135-138.

［94］章华明,陈刚.南北档案学人——以档案期刊总编姜龙飞、胡鸿杰为个案的研究[J].档案管理,2011(1):67-70.

[95]《科技导报》编辑部."科学共同体要闻"栏目征稿[J].科技导报,2011(25):44.

[96] 宗乾进,袁勤俭,颜祥林,沈洪洲.2010 年中国档案学研究热点的知识图谱分析[J].档案学通讯,2011(5):8-12.

[97] 邱均平,温芳芳.作者合作程度与科研产出的相关性分析——基于"图书情报档案学"高产作者的计量分析[J].科技进步与对策,2011(5):1-5.

[98] 胡鸿杰.从档案学的濒危学科谈起[J].档案学通讯,2011(5):8-12.

[99] 孙玲,尚智丛.科学共同体社会分层研究综述[J].科学学与科学技术管理,2011(8):156-161.

[100] 白桂芝.试析档案学术研究主体的评价途径[J].档案学通讯,2011(4):4-7.

[101] 邱均平,王菲菲.基于博客社区好友链接的知识交流状况分析——以科学网博客为例[J].图书情报知识,2011(6):25-33.

[102] 王崇桃,方德英,王一川.高校教师科研状况的调查分析与管理措施研究[J].研究与发展管理,2011(2):130-133.

[103] 段忠桥,张文喜.坚持学术争论　注重分析方法——段忠桥教授访谈[J].学术月刊,2011(5):155-160.

[104] 史静寰,许甜,李一飞.我国高校教师教学学术现状研究——基于 44 所高校的调查分析[J].高等教育研究,2011(12):52-66.

[105] 钟灿涛.科学交流体系重组的动力因素分析[J].科学学研究,2011(9):1304-1310.

[106] 林聚任.默顿与科学社会学——科学社会学在美国的发展回顾与展望[J].科学与社会,2012(3):60-72.

[107] 张斌.我国学术共同体运行的现状、问题与变革路径[J].中国高教研究,2012(11):9-12.

[108] 宗乾进,袁勤俭.回顾与展望——近十年我国档案学研究全景透视[J].档案学通讯,2012(2):12-16.

[109] 喻国明,宋美杰.中国传媒经济研究的"学术地图"——基于共引分析方法的研究探索[J].现代传播(中国传媒大学学报),2012(2):30-38.

[110] 张继洋,李宁.科学合著网络研究进展分析[J].情报理论与实践,2012(4):124-128.

[111] 谭必勇,袁晓川.档案学研究的国际进展(2001—2010)——基于九种国际档案学期刊论文的计量分析[J].档案学研究,2013(2):80-84.

[112] 张盼.试论我国档案学术共同体的沿革[J].档案学通讯,2013(5):19-22.

[113] 陈则谦.探析"公共知识":概念、特征与社会价值[J].图书馆学研究,2013(5):2-4,15.

[114] 任红娟.我国档案学核心作者及其研究主题分析[J].档案学通讯,2013(4):30-32.

[115] 张盼.论我国档案学术共同体的构建[J].档案,2013(4):17-20.

[116] 付航.我国档案学学院派理论研究的困境与机遇[J].浙江档案,2013(5):21-23.

[117] 张盼.试论我国档案学术共同体形成与发展[J].档案管理,2013(6):10-12.

[118] 刘洪,章康馨.2002—2012年档案学研究中应用社会调查法的统计分析[J].档案学通讯,2013(5):27-30.

[119] 杜玉华.社会结构:一个概念的再考评[J].社会科学,2013(8):90-98.

[120] 张盼.试论档案学学术共同体的沿革及意义[J].北京档案,2013(8):10-13.

[121] 任红娟.我国档案学近十年核心作者引用认同研究[J].档案管理,2013(6):16-18.

[122] 张盼.试论我国档案学术共同体的学术传统[J].上海档案,2013(11):18-19.

[123] 宋琦,葛云峰.批判性研究特质的培养:档案学学术的生长点[J].档案学通讯,2014(3):22-26.

[124] 张盼.浅析外国档案学术共同体的沿革[J].档案,2014(4):55-57.

[125] 邢变变,孙大东.对中国档案学共同体的思考[J].档案学通讯,2014(4):27-31.

[126] 刘林青,甘锦锋,杨锐.探寻中国管理国际研究的"无形学院"——基于 SSCI 期刊(1978—2010 年)的社会网络分析[J].管理学报,2014(9):1276-1286.

[127] 王新才,文振兴.档案学研究中计量法运用的计量分析[J].档案管理,2014(3):59-62.

[128] 马海群,姜鑫.我国档案学研究主题的知识图谱绘制——以共词分析可视化为视角[J].档案学研究,2014(5):7-11.

[129] 张全海.谈谈"摘要"和"关键词"[J].档案学通讯,2015(3):1.

[130] 王新才,徐欣欣,聂云霞.从档案学会议看档案学发展——1981 年来我国档案学会议的历史梳理与主题分析[J].档案学研究,2015(2):49-55.

[131] 武宏志.学术批判与批判性思维——兼论黄展骥的学术批判特色[J].学术界,2015(3):172-176.

[132] 王新才,文振兴.基于档案学基金论文的基金项目研究[J].浙江档案,2015(3):10 14.

[133] 于博.试论我国档案学师生学术共同体的发展与重构[J].档案,2015(4):17-20.

[134] 宋维志.学术论文一稿多投问题研究[J].重庆文理学院学报(社会科学版),2015(5):90-95.

[135] 张亚茹.学术期刊作者投稿行为的法律审视与应对[J].新闻研究导刊,2015(13):177,192.

[136] SHILS E. The scientific community: thoughts after Hamburg[J]. Bulletin of the atomic scientists, 1954, 10(5): 151-55.

[137] MERTON R K. Basic research and potential of relevance [J]. American behavioral scientist, 1963(6): 86.

[138] COURNAND A F, ZUCHERMAN H. The code of science: analysis and some reflection on its Fu-ture[J]. Studium generale, 1970(23): 948.

[139] MERTON R K. The Thomas Theorem and the Matthew Effect[J]. Social forces, 1995(12): 389.

[140] JACOBS S. The genesis of'scientific community[J]. Social epistemology, 2002, 16(2): 157 - 168.

[141] ELLIS M. Establishing a research culture for archive administration in the UK[J]. Education for information, 2005, 23(1): 91 - 101.

[142] NIMER C L. Reading and publishing within the archives community: a survey[J]. American archivist, 2009, 72(2): 311 - 330.

[143] CRYMBLE A. An analysis of Twitter and Facebook use by the archival community[J]. Archivaria, 2010, 70(70).

会议论文集、报告

[1] 徐拥军,张斌. 中国大陆档案高等教育发展研究[C]//中国档案学会. 2011 年海峡两岸档案暨缩微学术交流会论文集,2011.

[2] 中国档案学会档案学基础理论学术委员会. 档案学专业高等教育发展情况调查报告[R]. 2014.

[3] 中国档案学会档案学基础理论学术委员会. 多学科视角下的档案学理论研究进展[R]. 2014.

报纸

[1] 黄达人. 大学是一个"学术共同体"[N]. 中国教育报,2009 - 03 - 23(5).

［ 2 ］韩启德.学术共同体当承担学术评价重任[N].光明日报,2009-10-12(10).

学位论文

［ 1 ］操菊华.中国近代科学体制化的历史演进[D].武汉:华中师范大学,2002.

［ 2 ］李正风.科学知识生产方式及其演变[D].北京:清华大学,2005.

［ 3 ］胡金平.学术与政治之间:大学教师社会角色的历史分析[D].南京:南京师范大学,2005.

［ 4 ］庞海江.近代大学教师群体透析[D].长春:吉林大学,2006.

［ 5 ］张培富.中国近代化学体制化的社会史考察[D].太原:山西大学,2006.

［ 6 ］王粲.我国科学共同体的社会分层研究[D].沈阳:东北大学,2006.

［ 7 ］姚昆仑.中国科学技术奖励制度研究[D].合肥:中国科学技术大学,2007.

［ 8 ］卜晓勇.中国现代科学精英[D].合肥:中国科学技术大学,2007.

［ 9 ］陈立新.力学期刊群的内外关系与学科结构[D].大连:大连理工大学,2008.

［10］王骥.论大学知识生产方式的演化[D].武汉:华中科技大学,2009.

［11］王应密.中国大学学术职业制度变迁研究[D].武汉:华中科技大学,2009.

［12］王协舟.基于学术评价视阈的中国档案学阐释与批判[D].北京:中国人民大学,2009.

［13］杨丽.中国女性科学家群体状况研究[D].合肥:中国科学技术大学,2010.

［14］郭瑶.基于文献计量学的中国档案学者群体研究[D].天津:天津师范大学,2011.

［15］崔慧仙.网络时代的学术交流［D］.上海：华东师范大学,2011.

［16］吴洪富.大学场域变迁中的教学与科研关系［D］.武汉：华中科技大学,2011.

［17］申宁.论科学共同体与科学理论的互动关系［D］.武汉：武汉科技大学,2011.

［18］李玲丽.网络环境下科学共同体知识转移特征分析［D］.北京：中国科学院大学,2012.

［19］熊麟.基于学缘的中国科学院院士成长特征研究［D］.成都：西南交通大学,2013.

［20］周燕青.中国档案学发展历程中的学术群体研究［D］.昆明：云南大学,2013.

［21］郭欣仪.中国档案学学科制度化研究［D］.上海：上海交通大学,2013.

［22］罗满玲.论中国档案学术共同体的价值及其实现［D］.湘潭：湘潭大学,2014.

［23］李永丹.民国时期档案学者群体研究［D］.沈阳：辽宁大学,2014.

［24］李一平.科学共同体文献计量学特征研究［D］.北京：中国科学院大学,2014.

［25］方慧惠.中国档案高等教育模式研究［D］.北京：中国人民大学,2015.

［26］孙大东.基于范式论批判的中国档案学发展研究［D］.北京：中国人民大学,2015.

［27］WALES J. Community archives and the archival community［D］. Leiden University, 2014.

网络文献

［1］一尘.学院派和草根派［EB/OL］.［2015－10－27］.http://www.

danganj. net/bbs/viewthread. php？ tid＝152&highlight＝％D1％A7％D4％BA％C5％C9.

［2］ HZHIWEN. 坚决揪出抄袭者王巍！［EB/OL］.［2015－10－31］. http：∥www. danganj. net/bbs/viewthread. php？ tid＝33575.

［3］ 全国人民代表大会常务委员会. 中华人民共和国合同法［EB/OL］.［2016－01－01］. http：∥www. law-lib. com/law/law_view. asp？ id＝475.

［4］ 全国人民代表大会常务委员会. 中华人民共和国著作权法［EB/OL］.［2016－01－01］. http：∥www. law-lib. com/law/law_view. asp？ id＝310803.

附录 中国档案学共同体问卷调查

尊敬的老师：

您好！

为了全面深入地了解中国档案学共同体的现状，揭示出中国档案学共同体的群体结构和运行机制，笔者拟对 38 所档案学高校开展调查。本调查严格按照《中华人民共和国统计法》的要求进行，所有回答只用于统计分析，不涉及个人信息。恳请您百忙之中，抽出大约 10 分钟的时间帮忙填写下面的问卷。您的回答对我们十分重要，非常感谢您的支持与参与！

填写说明：

1. 请将√复制到符合您情况的选项前面（如√A. 男），或者将符合您情况的选项用加粗、下划线、底纹、彩色等方式标识。所有题目均为必答题，若无特殊说明均为单选。

2. 凡遇到"_____"时，请您填上真实的数字或情况。

1. 您的工作单位_____大学_____学院

2. 您现在从教的高校是您（多选题）

A. 本科就读高校　B. 硕士就读高校　C. 博士就读高校　D. 博士后就读高校　E. 其他

3. 您的性别

A. 男　B. 女

4. 您的年龄_____

5. 您的籍贯_____

6. 您的职称

A. 助教　B. 讲师　C. 副教授　D. 教授

7. 您担任导师情况(多选题)

A. 硕士生导师　B. 博士生导师　C. 其他

8. 您的学历(包括在读)

A. 本科　B. 硕士　C. 博士

9. 您在各阶段的就读情况

本科就读学校名称_____,专业名称_____

硕士就读学校名称_____,专业名称_____

博士就读学校名称_____,专业名称_____

提示:(1) 请根据您的学历填写相应阶段,例如硕士学历只需填写本科和硕士阶段;

(2) 请填写具体专业,例如在档案学专业就读获得的是管理学博士学位,那么专业名称填写档案学。

10.

在以下几个方面,导师对您的影响程度(请在选中的框中打√)	非常大	比较大	一般	比较小	非常小
专业知识					
学术兴趣					
科研能力					
治学态度					
道德修养					
其他					

11. 您是否在本科、硕士、博士其中一个阶段取得非档案专业学历

A. 是　B. 否

12. 您是否在档案学研究中运用了跨学科视角

A. 是_____(请填写跨学科名称)　B. 否

13. 您是否有博士后经历

A. 是_____（请填写博士后专业和学校名称）　B. 否

14. 您是否有在档案局(馆、室)等档案实践部门的工作经验

A. 是_____（请填写多长时间）　B. 否

15. 您对档案实践工作的了解程度

A. 非常了解　B. 比较了解　C. 一般了解　D. 比较不了解　E. 非常不了解

16.

您的交往情况 （请在选中的框中打√）	非常 频繁	比较 频繁	交往 一般	比较 不频繁	非常 不频繁
与同一研究方向教师间的交往					
与同一专业不同研究方向教师间的交往					
与同一学科不同专业教师间的交往					
与不同学科教师间的交往					
与档案实践工作者的交往					
与国外档案工作者的交往					

17. 您的工作倾向

A. 喜欢同时从事教学和科研　B. 只喜欢教学　C. 只喜欢科研

D. 教学和科研都不喜欢

18. 您是否在学校或院系担任行政职务

A. 是　B. 否

19. 您是否在校外担任学术职务

A. 是　B. 否

20. 您是否为各级各类档案学会的会员

A. 是　B. 否

21. 您从事学术研究的热情

A. 非常高　B. 比较高　C. 一般　D. 比较低　E. 非常低

22. 您的研究主要涉及以下何种分支学科(多选题)

A. 档案管理学　B. 档案文献编纂学　C. 档案保护技术学　D. 档案史　E. 电子文件管理　F. 档案学概论　G. 其他_____(请填写相关名称)

23. 您的研究主要涉及以下何种范型(多选题)

A. 档案史料整理理论范型　B. 档案文件管理理论范型　C. 档案信息资源管理理论范型　D. 档案知识管理理论范型　E. 档案社会记忆理论范型　F. 其他_____(请填写相关名称)

24. 您对科研方法与规范的了解主要来自(多选题)

A. 导师　B. 其他学者　C. 编辑　D. 网络　E. 其他_____(请填写相关名称)

25. 您认为制约自身科研发展的主要因素(多选题)

A. 缺少方法　B. 英语水平　C. 对实践了解不够　D. 教学任务重,没有时间　E. 职称到手,安于现状　F. 其他_____(请填写相关名称)

26. 影响您投稿的首要因素

A. 期刊的学术定位　B. 是否核心期刊　C. 编辑工作效率　D. 与编辑部的人际关系　E. 稿件的采用率　F. 版面费　G. 刊期和期均载文量　H. 其他_____(请填写相关名称)

27.

下列表述,您的符合程度如何 (请在选中的框中打√)	非常 符合	比较 符合	一般 符合	比较 不符合	非常 不符合
我喜欢我目前的学术工作					
我为自己作为大学教师而感到荣耀					
我能通过目前的学术工作获得成就感					
我周围的学术研究氛围良好					
总体上,我认为目前学术环境有利于个人学术成长					

下列表述,您的符合程度如何 （请在选中的框中打√）	非常 符合	比较 符合	一般 符合	比较 不符合	非常 不符合
我认为档案学期刊缺乏权威					
我认为档案学术奖励名不副实					
我认为档案学术资源分配不公					
我认为档案期刊审稿公正性强					
我认为档案项目评审公正性强					
我对获得国家项目不抱希望					
我认为档案学术权威期刊内容平庸					
我认为档案课题项目人并非最佳					
我认为参加专业组织与否无所谓					
我一般知道论文评审人					
我一般知道奖项评审人					
我认为政府资助的课题指南合理					
我认为行政权利有利于学术资源的 获得					
我认为行政侵扰过多					
我不愿与行政打交道					
我认为政策环境不利于基础研究					
我认为当前学术环境不利于刚开始学 术生涯的年轻人					
我认为再多的学术规范也难以扼制当 前的学术不轨行为					
当前环境下,不指望做出什么有价值的 研究					
学者占有的学术资源与学术能力不成 正比					

（续表）

下列表述,您的符合程度如何 (请在选中的框中打√)	非常 符合	比较 符合	一般 符合	比较 不符合	非常 不符合
当前考核标准下,工作投入与回报不成正比					
职称晋升考核中,重量胜于重质					
职称晋升中,科研胜于教学					
有些学术决策为行政权威所独揽					
教师与行政人员之间的关系融洽					

问卷到此结束,非常感谢您的合作! 如果您对我的研究结果有兴趣,请留下您的联系方式(电子邮箱),届时,我将把研究结果发给您。您的邮箱是_____。

后　记

　　应用科学社会学的相关理论和研究成果对中国档案学共同体展开研究是一种探索也是一次尝试。学科发展规律的揭示不是一朝一夕的事，也不是哪一个人就能独立完成的。按照科学社会学的理念，科学是一种社会体制，而科学共同体就是这种社会体制的践行者，因此，科学共同体的规律本就是科学发展规律的重要组成部分。而科学共同体又以其性征影响着科学知识的增长，通过自身的运行机制实践着科学知识增长的目标，因此，科学共同体就成为揭示科学发展规律的重要媒介。

　　教育学背景出身的笔者想在此呈现一张教育科学分类框架表，此表使笔者对中国档案学的未来充满了信心。而通过研究，笔者也隐隐感到一条大路正在脚下慢慢铺开，路的尽头就是中国档案学未来建设的蓝图——《档案科学分类框架表》。这注定是一条布满荆棘但充满希望的道路，需要广大志同道合者的共同努力。此处将《教育科学分类框架表》[①]抄录如下，望志同道合者共勉之。

　　2002 年，胡鸿杰在其博士论文中将《档案学概论》称为档案学的"终极者"，这种认识在当时及其后较长一段时间看来是对中国档案学学科发展规律深刻把握基础之上产生的一种必然反应。但是随着认识的进步，尤其是元科学理论的出现和发展，笔者愈发认识到：《档案学概论》从结构和功能上均无法承担起档案学"终极者"的历史重任，就当前的理论认识来看，这一重任应由元档案学来承担，重塑档案学的尊严。

　　档案学植根于档案管理实践并相得益彰地发展是题中应有之义，但是

---

① 　吴康宁.教育社会学[M].北京：人民教育出版社，1998：18.

教育科学分类框架表

以教育活动为研究对象；以不同方式运用其他学科	把被运用学科作为理论分析框架	分析教育中的形而上问题	教育哲学　教育逻辑学　教育伦理学　教育美学
		分析教育中的社会现象	教育社会学　教育经济学　教育政治学　教育法学　教育人类学　教育人口学　教育生态学　教育文化学
		分析教育中的个体的"人"	教育生物学　教育生理学　教育心理学
	采用被运用学科的方法	运用方法直接分析教育活动	教育史学　比较教育学　教育未来学
		研究如何运用方法来分析教育活动	教育统计学　教育测量学　教育评价学　教育实验学　教育信息学
	综合运用各门学科	分析与其他领域共有的实际问题	教育卫生学　教育行政(管理)学　教育规划学　教育技术学
		分析教育领域独有的实际问题	课程论　教学论
以教育理论为研究对象			元教育学　教育学史

一门学科的发展自受相应客观规律的制约，只有准确把握了学科发展规律，才能谈得上遵循并利用其促进学科的发展。档案学是一门独立的学科已是客观实事，在广义的科学大家庭中，档案学已占据了一席之地。因此，那些专司研究科学发展规律的科学哲学、科学社会学、科学知识社会学等学科的知识和理论对探索档案学学科发展规律也是适用的，当然是在拿来主义下的适用。

当然，任何科学哲学、科学社会学、科学知识社会学等学科的知识和理论都无法一概穷尽科学发展规律，其均是就某一角度、某一方面对科学发展规律的探索和揭示，本书所应用的科学社会学之科学共同体理念即是如此。借鉴和应用科学哲学、科学社会学、科学知识社会学等学科的知识和理论，多视角地展开档案学的跨学科研究，对于深入、全面探索档案学的学科发展规律、促成档案学元学科的建立是极有帮助的,哪怕其中的某些探索工作可能会失败。

路就在脚下。前方图景虽美,但道路漫长且满布荆棘。是畏难止步,还是勇往直前? 相信每一个有专业责任感的档案学人心中自有答案。

邢变变

2019 年 3 月